考古学リーダー 14

後期旧石器時代の成立と古環境復元

比田井民子　伊藤 健　西井幸雄 編

六一書房

はじめに

　2007年10月初旬、車窓から見るイルクーツク郊外の風景は、丘陵のような低い山々の緩やかな谷間から豊かな水が湧きアンガラ川に注ぎ込み、周辺には小さな湿地帯を囲む黄金色の草原が広がっていた。マンモスが生息し細石器文化が生まれたと言われるこの地を訪れ、その文化を育んだ景観の名残をここに見ることができた。この寒冷な地を離れヒトはどのように日本に至り、何故、武蔵野台地をはじめとする生活の地を選ぶに至ったのだろうか。それを解き明かすことは日本列島とユーラシア大陸との関係、さらに日本列島の旧石器時代研究の永遠の課題でもある。

　関東地方は岩宿遺跡、茂呂遺跡の発掘に始まる長い旧石器時代研究の歴史があり、それに伴い地層・地形学の研究にも多くの力が注がれてきた。さらに遺跡に関連した年代が判る火山灰に恵まれた地域に、多くの旧石器時代遺跡が残されていることも幸いし、日本のなかでも先進的な研究が進められてきた。その結果、それに伴う自然科学研究にも、多くの成果が残された。今回はこれらの成果を活用して3万年以上の時を経ている遺跡立地を当時の地形環境のなかに置き換え、この地に旧石器時代遺跡が残された背景について改めて考えることを試みた。

　さらに個別の遺跡研究に関連し、旧石器時代の文化層が重層して発見される南関東地方の遺跡の文化層区分の原点に立ち戻り、学史的な資料分析の事例を通じて新たな解釈、分析方法について可能性をさぐり、今日的な取り組みへの展望を明らかにしてみた。

　これらの研究はいずれも試行錯誤の繰り返しの段階ではあるが、新たな旧石器時代研究への取り組みの一歩になれればと考える。

　本研究に御協力をいただいた多くの方々に、ここに心からの感謝の意を表したい。

研究代表者　比田井民子

例　言

　本書は平成19年1月27日に調布市文化会館「たづくり」大会議場において開催された「多摩川流域の考古学的遺跡の成立と古環境復元シンポジウム―土と遺跡　時間と空間―」の当日の記録に基づき、加除筆し編集したものである。

　本書の作成にあたっては首都大学東京小野昭先生から推薦文を賜り、明治大学安蒜政雄先生からは総評を御寄稿いただいた。

　シンポジウム開催にあたっては日本旧石器学会、とうきゅう環境浄化財団の後援を得、日本文化財科学会、日本第四紀学会、石器文化研究会、八ヶ岳旧石器研究グループに御助力いただいた。また、帝京大学山梨文化財研究所の鈴木稔氏にもお世話になった。

　シンポジウム当日はかながわ考古学財団の栗原伸好さん、柴田亮平さん、明治大学の及川穣さん、明治大学学生大塚宜明・直井信介両君の協力を得た。

　本シンポジウムはとうきゅう環境浄化財団による2005年・2006年度首都圏における多摩川およびその流域の環境浄化に関する調査・試験研究助成を受け実施されたものである。

目　次

はじめに
例言

序章
　多摩川流域の後期旧石器時代遺跡の成立と古環境………比田井民子　7

I　総論
　文化地理学的にみた考古学の意義について……………白石浩之　23

II　立川ローム層の形成と石器文化
　後期旧石器時代遺跡の文化層の諸問題……………………西井幸雄　41
　南関東における立川ローム層のスコリア形態
　　―多摩ニュータウンNo.681遺跡の立川ローム層に見られるスコリアの形態―
　　………………………………………………………上條朝宏　52
　武蔵野台地における後期旧石器時代前半期石器群の層位編年研究に関する
　　諸問題……………………………………………………山岡拓也　61
　後期旧石器時代後半期の武蔵野編年に関する諸問題………飯田茂雄　72
　先土器時代の複数文化層遺跡における諸問題………………藤田健一　83
　北関東地方における岩宿時代の層位と文化層……………小菅将夫　94

III　遺跡復元と空間的分析
　ジオアーケオロジーとセトルメントアーケオロジーの接点
　　―欧米での研究から―…………………………………阿子島香　109
　酸素同位体ステージ3の時代の武蔵野台地………………久保純子　124
　武蔵野台地北部における後期旧石器時代遺跡の立地環境……加藤秀之　135

武蔵野台地立川面における後期旧石器時代遺跡形成のモデル
　　―野川～多摩川間の地形形成と後期旧石器時代遺跡の動態―
　　　………………………………………………野口　淳・林　和広　144
関東地方北西部における火山災害と遺跡分布の関係
　　………………………………………………関口博幸・麻生敏隆　161
武蔵野台地における後期旧石器時代の遺跡立地と地形……伊藤　健　172

IV　成果と展望

討論………………………………司会　比田井民子・伊藤　健　183
総評　　―旧石器時代研究の指標―……………………安蒜政雄　201

あとがき
執筆者紹介

序　章

多摩川流域の後期旧石器時代遺跡の成立と古環境

比田井民子

　今日のテーマに関連して、今までの後期旧石器時代に関係する考古学、自然科学の総合的成果を今日的な視点で見直して、取りまとめた話を私のほうで少しさせていただきたいと思っております。

　南関東地方を中心とする後期旧石器時代遺跡の編年につきましては、遺物の出土と立川ローム層の関係の研究というものが旧石器時代編年研究の大きな主軸になってきておりまして、従来は武蔵野、相模野を対比させ、そしてその中で石器文化がどのように変遷していったかというような研究が数多く積み重ねられてきたわけです。

　今までのそれらの主な対比の方法となりましたのは立川ローム層中の暗色帯の対比と、出土する遺物の対比といったことが主な手だてであったというように認識しています。

　まず、今日、研究の対象となっております武蔵野台地でありますけれども、青梅市の付近を扇頂部といたしました扇状地形でありまして、荒川と多摩川に挟まれて、台形の形成がなされたといったような地形であります（第1図）。

　私達の 2001 年の『多摩川流域の段丘形成と考古学的遺跡の立地環境』（比田井 2001）の研究におきましては 200 ヶ所以上の後期旧石器時代遺跡がこの扇状地形の中に残されているということを明らかにしております。多摩川や荒川の支流が台地の奥深く樹枝状に入り組み、そこが旧石器時代の人々の生活の場となっていったということを明らかにしました。

　最初に立川ローム層の自然科学分析をとり入れた形での研究成果に触れていきたいと思います。まず従来でしたらば、視覚的に認識できる暗色帯部の対比による各地域の立川ローム層の比較検討、出土する遺物の対比によって

序章

第1図　武蔵野台地の後期旧石器時代遺跡の分布図（比田井2000、伊藤、西井、国武原図）

　南関東地方の後期旧石器時代の編年が組み立てられてきております。しかし、その後、東京農工大学の坂上先生、それから明治大学の竹迫先生、今日、会場にいらっしゃる上條さんのご研究によりまして、暗色帯の中の炭素含量と窒素含量によって、さらに見えにくい暗色帯も明らかにしていくという科学的な研究手法も積み重ねられてきました（上條2002、坂上1987・1984、竹迫1986）。

　その中で、新たに判ったこととしまして、武蔵野台地や他地域の立川ローム層の中で視覚的に見えない何枚かの暗色帯が、この研究手法によって確認することが可能になっています。

　まず、一番左の図ですが、これは、武蔵野台地の立川面の遺跡で出たデータです（坂上1987、第2図左）。この中で、まず、BB0層というような部分がありますけれども、これは実際現地に行きましてもこの土層ということを視

多摩川流域の後期旧石器時代遺跡の成立と古環境

覚的に認識することは出来ません。ローム層の暗色帯の中に含まれております炭素量、窒素量の微妙な増加量によるものです。そうしたもので、暗色帯の位置が特定できるようになっております。

それからさらにその下にBB1層という武蔵野台地で言い慣わされているV層、それからさらにその下に、VII層、IX層という2枚目の暗色帯BB2層が確認されております。

さらにその下になりますけれども、私達が立川ローム層第X層と呼び慣わされておりまして、会場におられる小菅さん、それから、諏訪間さんが積極的に取り組んでいる後期旧石器時代初頭の石器群（岩宿フォーラム実行委員会2006）が確認される層があります。その中にも炭素含量、窒素含量の測定においてBB3層という見えない暗色帯があることが明らかにされております。

第2図は私も調査報告に関わり、私の勤務地もあります多摩丘陵の中の遺跡のデータです。

多摩ニュータウンNo.740遺跡という遺跡であり、ここでは後期旧石器時代後半の3つの文化層が確認されております（比田井・上條2002）。こちらのほうでもこうした分析によりまして、BB0層という視覚的には分かりにくい暗色帯がVH黒と書いてある層の直上のところにあることが分かっており

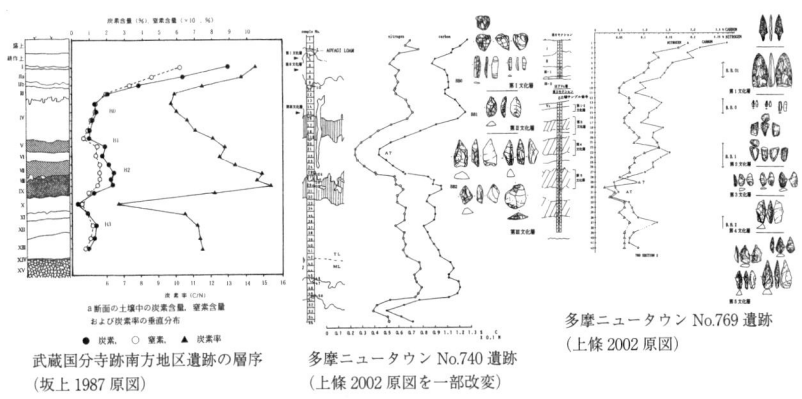

第2図　多摩丘陵地域・武蔵野台地西部の立川ローム層の暗色帯と出土石器

序章

ます。それからその下に、これは視認できる暗色帯であるVI層、これはここではBB1層と呼ばれておりますが、その下にATを含むVII層、さらにその下にVIII層と呼ばれております視認できる暗色帯があります。この層はBB2層にあたり、炭素含量も非常に高まる部分であります。しかしそれに加えまして、さらにBB2層の下の方のところにもいくつかの窒素含量、炭素含量が高まる部分、つまり見えない暗色帯がさらにいくつかあるということが明らかにされております。

そしてここでは立川ローム層と武蔵野ローム層の境もある程度明確になっておりまして、IX層と言われているところの下部がその境であると思われ、その層中には白い砂状のブロックで相模野第2スコリア（以下S2S）が確認されているといったような状況があります。

そういったところで、相模野方面の立川ローム層下部で認識されている暗色帯が、多摩丘陵の暗色帯の見えにくくなった地域でもこうした研究手法の中で明らかにすることができるということが分かってきておりまして、これらを応用していくとまた新たな層序対比の問題、それから石器文化層等の対比という問題が進展するものと考えられます。それと、もう一つ付け加えますと多摩ニュータウンのV層という明褐色のローム層がありますが、ここからは武蔵野第IIa期、それから相模野第III期、第IV期に相当する遺物出土があるわけなのですが、多摩丘陵の中の調査におきましては、この層と出土遺物の関係を明確にする区分方法の一つの手だてとして、スコリア層による区分ということがさらになされております（阿部1982）。

ここに書いてありますVH赤というのが赤色スコリアの集中する層準です。その下のVH黒というのが黒色スコリアの集中する層準です。このNo.740遺跡では、そうした黒色スコリア帯と赤色スコリア帯、さらにその上のIII層、青柳ローム層に連続して文化層が確認されております。

一番下の文化層は、第3文化層と呼んでいますが、こちらについては角錐状石器、および鋸歯縁状の加工を施した石器などが出土し、いわゆる武蔵野第IIa期、それから相模野第III期を象徴するような特徴的な石器、そういうものが出土しております。さらにVH層の上部にある視認しにくい暗色帯

BB0層の最上部付近に第2文化層の周縁加工を施こした尖頭器が出土しております。さらにその上の青柳ローム層に出土遺物があった第1文化層では細石器が出土しており、こうした、暗色帯、スコリア帯と文化層の位置関係というのがかなり明確に対応関係をもって認識できるといったような状況があります。同じようなスコリア、暗色帯、文化層の対比が左の多摩ニュータウン No. 769 遺跡でもなされております。

ここに掲げましたのは、私が2004年度に発表いたしました「東日本を中心とする後期旧石器時代初頭の小形剥片石器群」（比田井2004）に掲載しました図の一部です（第2図右）。

これは、先程のBB3層の問題、武蔵野台地の立川ローム層X層の中にあるが視覚的には見えにくいBB3層の問題と遺物を包含する文化層の位置関係というのが、実際どのような関係にあったかということを、石器群の出土位置をプロットして表わしたものであります。

武蔵野台地の遺跡としまして高井戸遺跡（高井戸東遺跡調査会1977）、1984年の武蔵台遺跡（早川・河内1984）、それから近年国分寺市遺跡調査会で調査されております多摩蘭坂遺跡（上敷領1999、上村・中村2003）、世田谷区瀬田遺跡（寺田ほか1997）、下山遺跡（坂入ほか1982）のX層部分に関わる文化層の位置をプロットしたものであります。さらに1番右にありますのは、先ほど白石先生から御講演いただきました神奈川県の吉岡遺跡の最古の石器群の出土層準です（白石・加藤1996）。

こうした比較をしていきますと、文化層の位置のとらえかたというのも多少の遺跡個々の違い、携わった人の認識の違いというのはあるかもしれませんが、とりあえずここで私がプロットした位置は、その石器群の中心となる位置ということで表してあります。その中で言えることをいくつか指摘いたしますと、まず、武蔵野台地のX層の石器群については、出土層準がX層上部、せいぜいいって中部くらいのところでとどまるのではないか、ただ多くのものは立川ローム層、X層の上半部といったところがその出土位置ではなかろうかということを述べておきたいと思います（比田井2004）。

そういたしますと、X層の中部に検出されるBB3層の問題ということに

序章

なろうかと思いますけれども、吉岡遺跡群の出土層位は相模野台地のBB5層といわれております。武蔵野台地のX層中で認識しづらい暗色帯について上杉先生は、相模野台地のBB5層に相当するのではないかというような指摘をされております（上杉1998）。

ここでは結論めいたことを言うのは避けたいとは思いますけれども、そのBB5層中、あるいはBB5層を抜けた石器群というのは武蔵野台地の中ではほとんど望めないといったような状況も見え隠れしてくるわけです。

さらにつけ加えますと、これらのX層の下にスコリアの位置を示しておりますがこれらについては、相模野のS2S層に同定できるということが上杉先生、府中市の松田さんからも指摘されておりまして（上杉1998、松田ほか1996、松田2000）、これを超えるような石器群があれば、おそらく武蔵野台地の中でも非常に古い石器群として確実に認識出来てくるのかなということが言えると思います。

私の知る限りでは、S2S層の直下から1,2点の剝片、あるいは礫器状の遺物が出土したということを聞いたことはありますが、明確な一つの文化層、遺物集中部となるようなまとまった石器群というのは今のところ武蔵野台地では出土しておりません。では、次にそれが何故出ないかという話を少し触れさせてもらいます。こちらも、国分寺市花沢東遺跡（恋ヶ窪遺跡調査会1984）で立川ローム層下部において暗色帯が確認された事例であります（坂上1984、第4図）。

まず武蔵野台地、それから近隣の相模野台地の地形変遷史（久保1988、貝塚・久保2000）ということで少し触れさせていただきますが、午後の部のほうで久保先生から詳しいお話があると思います。私のほうは専門ではありませんので、勝手な話ということになるかもしれませんが。

第3図の7万年前から5万年前の相模川の、それから約6万年前の武蔵野台地（岡1995、貝塚1979）を参考にしながら聞いていただければと思います。まず、武蔵野台地の6万年以前の状態ですけれども、当時は高水位期であったといわれていまして、現在の多摩川は広い流路をもって武蔵野台地の立川面を流れ、さらに荒川方向には狭山丘陵周辺で分れる広い流路をもっていた

12

多摩川流域の後期旧石器時代遺跡の成立と古環境

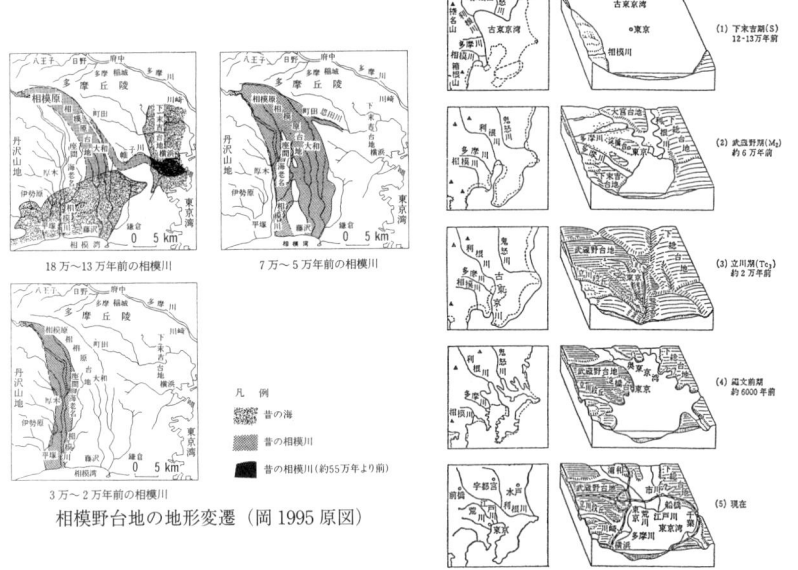

第3図　南関東地方の地形変遷

と言われております（羽鳥ほか2000）。それが段々最寒冷期になりまして、水が引き、深い谷が形成され、台地が形成され、そして旧石器時代の遺跡が多く残されたというのが、2万年前の地形の時代になります。6万年前に相当する相模川の状況ですけれども、その当時の相模川につきましても今とは異なる広い流路を持っておりまして、現在の階段状になっている台地状の面が全て相模川の流路になっており、多摩川と同じ高水位の状況があったということになります。そうしますと、全体にその時代は水の影響が現在の旧石器時代遺跡の残されている周辺に広がっていって、それが人の生活にどのような影響を与えていったかというような話になるわけなのですが、おそらく立川ローム層 X 層下部、それから、武蔵野ローム層の境にあたる時代にまで、高水位期の影響が残っていたということが自然科学分析のデータ等から多少明らかになっているかと思います。

武蔵野台地の内部、内陸部、たとえば石神井川流域の立川ローム層 X 層

13

序章

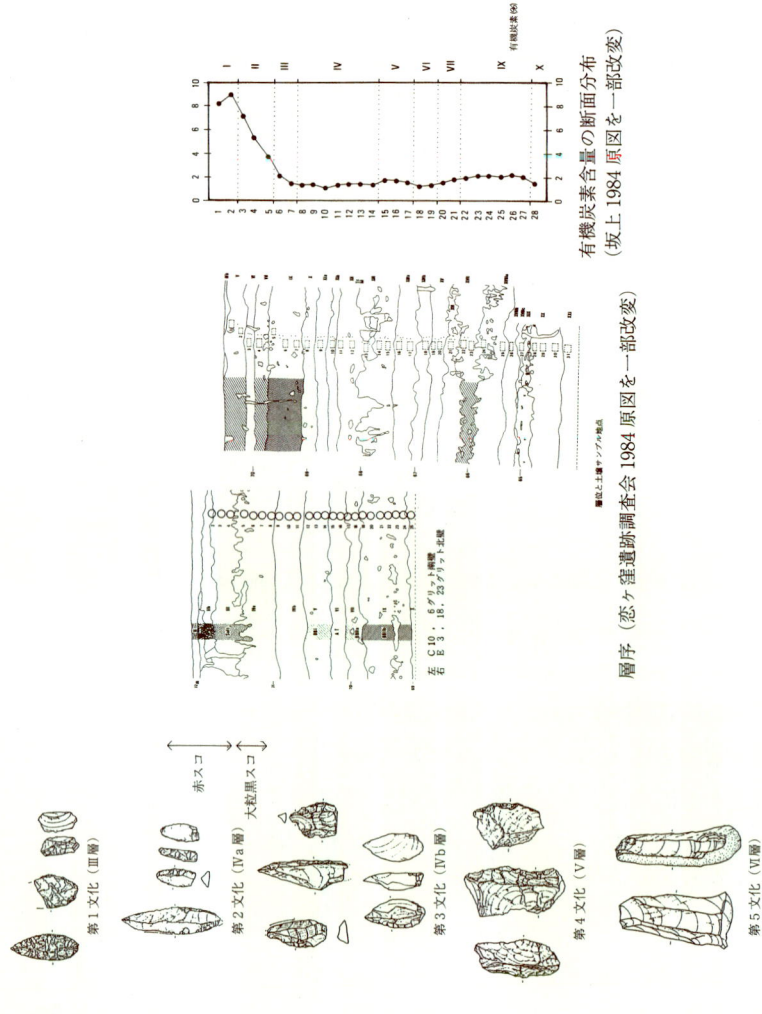

第4図 国分寺市花沢東遺跡における暗色帯と出土石器

多摩川流域の後期旧石器時代遺跡の成立と古環境

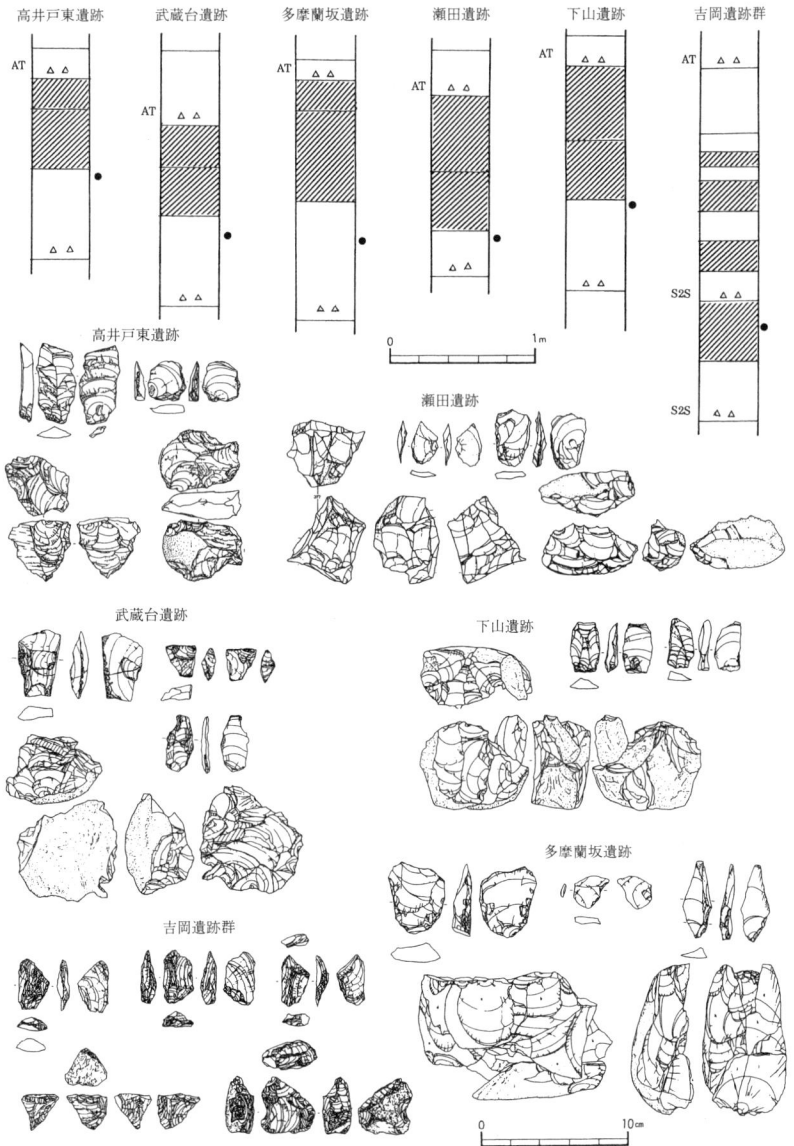

第5図　南関東地方の立川ローム層最下部の石器群と層位（比田井2004原図）

序章

写真1　立川ローム層第X層の自然礫（いも石）

等の自然科学分析による含砂率、それから含水率がどのくらいあるかといったようなデータが出ているのですけれども、そちらが非常に高まるのが立川ローム層X層の下部のありかたであるということが見え隠れしております（小山1996、パリノ・サーヴェイ2004、パレ・オラボ1992）。

それから、X層のローム層の中には、自然礫が少しずつ含まれております。ここに見えておりますのは、これは現在調査している、武蔵台遺跡のX層中のイモ石と言われる自然礫です（写真1）。武蔵野台地の礫層の構成礫と同一石材です。

これらの石についても、そうした高水位期に運ばれ台地の中に残された石であるとの見解が提示されております（加藤1977、1978）。そうであるとするなら、こういった水に侵された環境の中にあった武蔵野台地でありますので、最古の遺跡の形成に大きな影響を与えていたということが考えられるわけです。

私の話はいろいろこまかくなってしまいましたけれども、そういうようなかたちで遺跡の形成、特に立川ローム層第X層部分の遺跡の形成の問題、さらに最寒冷期を経た遺跡の立地景観の変遷に関わる研究がもっと取り組まれる必要があると思います（伊藤・比田井・西井ほか2006）。

それからまた考古のほうとしてやらなければならないこととして、文化層というのが、従来言われていたようなかたちで、本当に立川ローム層のなか

で順番に対応していくような内容になっているかというような再チェック、そういったようなことの作業が今改めて必要になってきているわけです（比田井・伊藤・西井ほか2004）。今日はその辺のところの話を第1部、第2部を通じまして、この研究の新進気鋭の皆さんから色々なご発表をいただくというような予定になっております。

引用・参考文献

阿部祥人 1982「基本層序」『多摩ニュータウン遺跡 ―昭和57年』第1分冊 東京都埋蔵文化財センター

伊藤 健・比田井民子・西井幸雄ほか 2006「武蔵野台地における後期旧石器時代遺跡立地 ―Geo-Archaeologyの視点―」『日本第四紀学会講演要旨集』36

岩宿博物館岩宿フォーラム実行委員会 2006『岩宿時代はどこまで遡れるか ―立川ローム層最下部の石器群―』

上杉 陽 1998「付編8. 目黒区大橋遺跡の地形・地質とテフラ」『大橋遺跡』

岡 重文 1995「東京湾から相模湾へ、河口を移した相模川」『神奈川の自然をたずねて』日曜の地学20 築地書館

貝塚爽平 1979『東京の自然史 増補第二版』 紀伊国屋書店

貝塚爽平・久保純子 2000「3-3 多摩川・相模川などの河谷」『日本の地形4』 東京大学出版会

加藤好武 1977「2. いも石の分布特徴から見た高井戸東遺跡における立川ローム降灰時代の自然環境に関する一考察」『高井戸東（駐車場西）遺跡』

加藤好武 1978「第VII章第四節 鈴木遺跡の自然環境の復原」『鈴木遺跡I』

上條朝宏 2004「2 旧石器時代土坑（A97-SK15）覆土の一次鉱物組成について」『武蔵国分寺跡関連遺跡（武蔵台西地区）』東京都埋蔵文化財センター調査報告第149集

上敷領久 1999 多摩蘭坂遺跡III 国分寺市遺跡調査会

上條朝宏 2002「追記」『多摩ニュータウンNo.740遺跡』東京都埋蔵文化財センター調査報告第102集

上村昌男・中村真理 2003 多摩蘭坂遺跡IV 国分寺市遺跡調査会

久保純子 1988「相模野台地・武蔵野台地を刻む谷の地形 ―風成テフラを供給された名残川の谷地形―」『地理学評論』61

序章

恋ヶ窪遺跡調査会 1984『花沢東遺跡』

小山修司 1996「第3節テフラ」『早稲田大学東伏見総合グラウンド遺跡B地区調査報告書』

坂入（比田井）民子・小川英文・松井泉 1982「第4章先土器時代」下山遺跡 世田谷区教育委員会

坂上寛一 1984「遺跡立地環境としての土壌」『花沢東遺跡』

坂上寛一 1987「立川ローム層序と埋没腐食層」『都立府中高等学校体育施設建設予定地の調査』

白石浩之・加藤千恵子 1996『吉岡遺跡群II』かながわ考古学財団調査報告7

高井戸東遺跡調査会 1977『高井戸東遺跡』

竹迫絋 1986「青柳ローム・立川ローム層の特徴 多摩丘陵の歴史と土壌」『―土壌標本（モノリス）の作製―』

寺田良喜・森本隆史・三浦淑子 1997『瀬田遺跡II』 世田谷区教育委員会 世田谷区遺跡調査会

羽鳥謙三・加藤定男・向山崇久 2000「第1節 多摩川の変遷と武蔵野の地形発達」『多摩川流域の段丘形成と考古学的遺跡の立地環境』 とうきゅう環境浄化財団

パリノ・サーヴェイ 2004「1 武蔵国分寺跡関連遺跡（武蔵台西地区）にかかるテフラ分析」『武蔵国分寺跡関連遺跡（武蔵台西地区）』東京都埋蔵文化財センター調査報告第149集

パレオ・ラボ 1992「第VI章第1節地形・層序」『練馬区愛宕下遺跡調査報告書』

比田井民子・五十嵐彰 1996『府中市No.29遺跡』東京都埋蔵文化財センター調査報告第29集

比田井民子 2001『多摩川流域の段丘形成と考古学的遺跡の立地環境』とうきゅう環境浄化財団

比田井民子 2004「東日本を中心とする後期旧石器時代初頭の小形剝片石器群」『古代』第117号

比田井民子・上條朝宏 2002『多摩ニュータウンNo.740遺跡』東京都埋蔵文化財センター調査報告第102集

比田井民子・伊藤 健・西井幸雄ほか 2004「武蔵野台地後期旧石器時代遺跡の横断層序による研究I、II」 第2回日本旧石器学会ポスターセッション

松田隆夫・大倉利明・坂上寛一 1996「武蔵台遺跡の立川ローム層・黒土層の層序と地形環境」『武蔵台遺跡II』

多摩川流域の後期旧石器時代遺跡の成立と古環境

松田隆夫 2001「第2節　多摩川左岸における立川段丘の凹地地形」『多摩川流域の段丘形成と考古学的遺跡の立地環境』　とうきゅう環境浄化財団
早川泉・河内公夫 1984『武蔵台遺跡II』　武蔵台遺跡調査会

I 総　論

文化地理学的にみた考古学の意義について

白 石 浩 之

はじめに

　みなさんおはようございます。愛知学院大学文学部の白石と申します。実は今日は安蒜政雄先生が講演をする予定だったのですが、入試の関係で急遽私に依頼されました。安蒜先生の代わりが務められるかどうかいささか不安ですが、私が現在考えている地理学からみた考古学について話をさせていただきます。

　『文化地理学的にみた考古学の意義』と題して、以下次の5点について述べたいと思います。1考古学と地理学の架け橋について、2研究史からみた文化地理学の実際的研究、3旧石器時代の環境と環状集落、4遺物包含層の意味、5武蔵野台地の集落景観の復原

1. 考古学と地理学の架け橋について

　まず地理学における研究は守備範囲が広く、歴史地理学をはじめ、先史地理学、考古地理学、文化地理学など研究対象の時代や方法論によって異なっています。加えて歴史時代の自然を対象とする自然地理学、歴史時代の人文を取り扱う歴史地理学、あるいはその地域性を把握するための歴史地誌学、文献が出て取り扱う狭義の歴史地理学などがあり、非常に多様であります。

　先史地理学は藤岡謙二郎氏によって提唱されています。藤岡氏は「先史地理学は第四紀に関する諸学の研究を基礎として、しかも既往の先史学地理学的な研究を考古学や先史学あるいは別の方法によって具体的に活用するものである。」と述べられています（藤岡1970）。また「先史時代という時の断面における地域的な特質を当時の自然的環境や社会環境を関連付けながら研究

I 総　論

する学問である」点を強調しています（藤岡1971）。具体的な研究では自然、人文の両現象を同質的な分布として地形図にドットし、定量分析を行うこと。これが第1点です。第2点は分布現象を環境論的に分析する必要性を強調しています（藤岡前掲）。

　小野忠凞氏が提唱する考古地理学は「自然が人類の環境となった人類時代の過去の地理を遺跡や遺物を決め手の資料をつかって明らかにする学問」とし（小野1981・1986）、「文化をつくりだしてきた時の住民とこれを取り巻く自然環境との諸関係を適応の見地から、土地や地域に則して考究し、適応の結果生み出されてきた地理的事象や地域性を明らかにし」、「当時の地理的事象と地域秩序や文化景観を形成した機構まで解明することが要請されている」点を指摘しています（小野1986）。

　次に今回私が用いた『文化地理学』の呼称は木内信蔵氏や高橋伸夫氏等が提唱したものです（木内1970、高橋・田村・小野寺・中川1995）。木内氏は「文化事象そのものについての理解を深めると共に、その起源、文化、移動についての歴史地理学的研究を行い、場所的差異を明らかにするために、地域的解析や居住関係の分析が進める」点を指摘しています。地域的内容をもつ文化そのものを解明することとし、文化地域や文化の運動など諸研究を行い、文化景観に含まれる機能論としての文化のエコロジー（生態）論を研究することなどをあげています（木内前掲）。高橋伸夫、田村明、小野寺淳、中川正の各氏は文化地理学に対して、地図分析、景観分析、情報分析、環境分析など強力な手段をもち、社会に対して応用可能な実用的側面をもつ学問と規定しています（高橋・田村・小野寺・中川前掲）。その中でカール・サウアーが1925年に提示した「景観形成モデル」（サウアー1925）を紹介し、自然的要因と文化的要因は時間と共に形態が形成され、自然景観と文化景観がかたちづくられる点をわかりやすく提示しています（第1図）。もっともこの視点は後になって物質文化の分類に終始しているとして批判されました。

2. 研究史からみた文化地理学の実際的研究

　1877（明治10）年E・S・モースによって大森貝塚が発掘されました。その

結果、貝塚が陸地の内奥に形成されていた点について、貝塚が形成された後に土地が隆起したことの可能性を説いています（E.Sモース1879、吉岡・長谷部1993）。モースは「貝塚が高い土地に位置し、地図にその位置を記入すると崖を示すケバ線と貝塚が一致する」とし、貝塚の位置を地図上に照らして判断する点をいち早く見抜いていたのです（第2図）。つまり貝塚形成要因と自然的要因について車の両輪のようにいちはやく研究がなされた点は特記する必要があります。

　冒険家で、地震学者でもあったJ・ミルンは年代の異なる4枚の地図をもちいて1879年の東京の地図に海岸線を加えて調べたこところ（第3・4図）、1年に30.5cm陸地が前進したことを述べています（ミルン1881）。その後縄文時代の海岸線の研究は東木龍七氏や江坂輝弥氏の研究によって海進海退の理解（第5図）へと進展していきます（東木1925、江坂1965）。東木氏については若くして亡くなった中谷治宇二郎氏の注口土器の地理的分布の研究の一説の中に紹介されています（中谷1927）。中谷氏について補足すると、その影響もあってか遺跡数を各地域別に集計したり、土偶の数を河川別に集計する地道な努力によって分布論が構築されていくわけで、環境と考古学を一体のものとして理解しようと努力されたわけです（中谷1930）。さて私の家の近くに愛知県洗刈貝塚があります。愛知環状鉄道の建設に伴う調査によって、海面下10数メートルのところで、縄文時代早期の貝塚が発見され、神奈川県立博物館に勤務していた松島義章氏が尽力して、埋没尾根の存在が海底下に認められました（第6図）。考古学や地質学の学際的な研究の大きな成果といえるでしょう（山下・渡辺・松島ほか1980）。

　この点日本列島の旧石器時代に焦点をあてるならば、貝塚茂樹先生の「日本列島の現在と最終氷期最寒冷期（2-1.5万年前）の比較」は看過できません。海面低下により、日本海は海ではなく、湖のような海であり、日本海に暖流が入らず、冬は寒冷で乾燥していたことが指摘されています（貝塚1998）。そのため、韓半島ないしシベリアから列島に人々がひんぱんに渡ってきことが推定されます。

I 総　論

要因　　　　　　　　　形態

地球構造的　　　　　　気候
　　　　　　　　　　　土地
　気象的　　　　　　　地表面
　　　　　→ 時　間 →　土壌　　　　　　自然景観
　　植生的　　　　　　　水系
　　　　　　　　　　　鉱物資源
　　　その他　　　　　　海と海岸
　　　　　　　　　　　植生

要因　　　媒介物　　　形態

　　　　　　　　　　　　　人口
　　　　　　　　　　　　　　密度
　　　　　　　　　　　　　　移動
　　　　　　　　　　　　　居住
文　化 → 時　間 → 自然景観 →　形式　　　文化景観
　　　　　　　　　　　　　　構造
　　　　　　　　　　　　　生産
　　　　　　　　　　　　　コミュニケーション
　　　　　　　　　　　　　その他

第1図　形成モデル（サウアー 1925年、高橋ほか 1995）

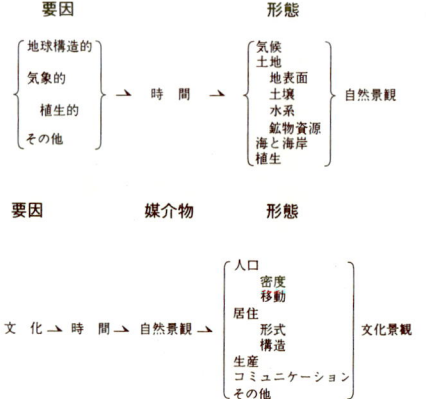

大森貝塚（2万5000分の1
「東京西南部」大正6年側図、
大正8年鉄道補入。
▲＝「貝塚」碑、●＝「貝墟」碑）
第2図　大森貝塚と海岸線
　　　　（吉岡・長谷部 1993）

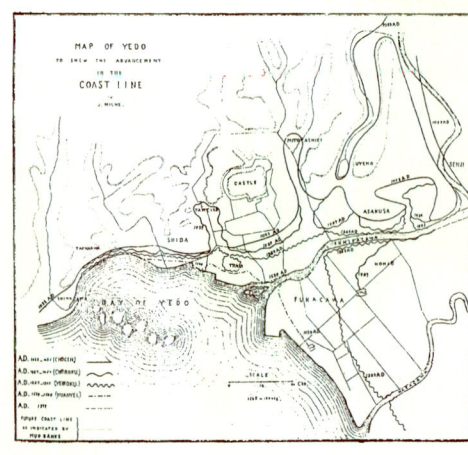

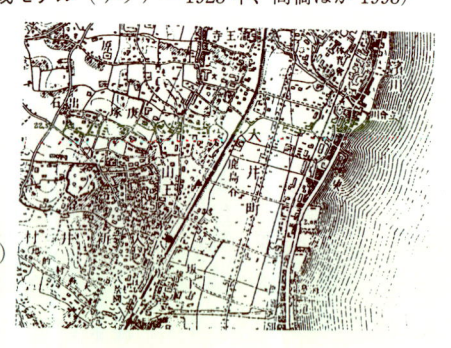

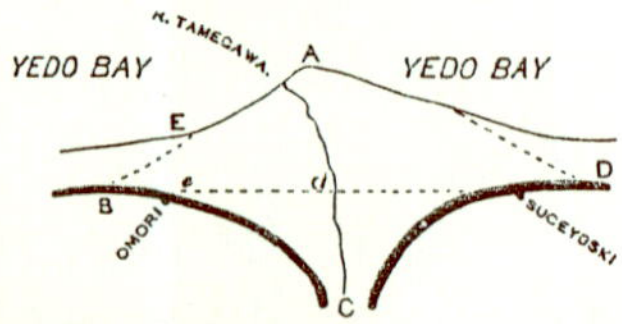

第4図　多摩川のデルターe＝大森貝塚、SUGEYOSKI は SUYEYOSHI の誤りー（J. ミルン 1881、吉岡・長谷部 1993）

第3図　東京湾の海岸線の変遷
　　　　　　　　（J. ミルン 1880）

26

文化地理学的にみた考古学の意義について

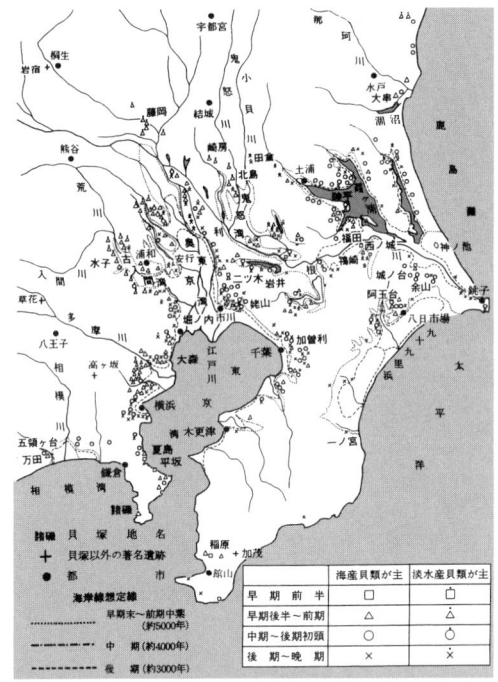

第5図　関東地方の貝塚分布と海岸線の想定図（江坂 1965）

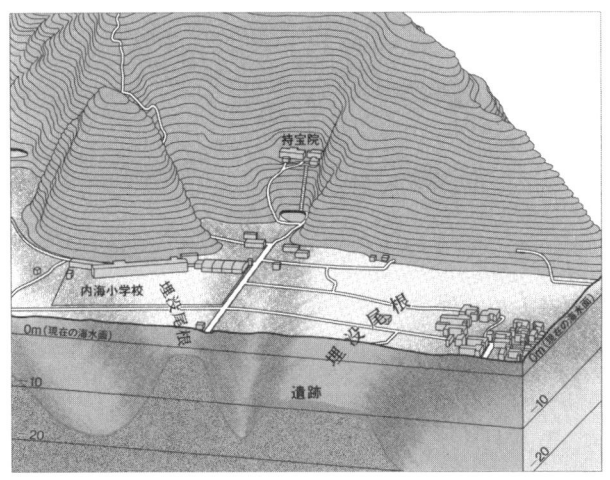

第6図　愛知県先苅貝塚の遺跡立地（齊藤 2003）

3. 旧石器時代の環境と環状集落

　もう少し遡って約3万年前の旧石器時代には環状集落が形成されることは周知の通りです。群馬県赤堀村下触牛伏遺跡ほかでは集落の背後に大きな沼地ないし湿地帯を形成している点があげられます。下触牛伏遺跡の隣接には志江沼と呼ばれる沼があります（岩崎 1986）。また栃木県佐野市上林遺跡は日本で最大の環状集落で、集落の背後には越名浜と呼ばれている沼地の存在が認められています（出居 2004）。

　このような AT 降灰前の集落の在り方は後方に大きな湖沼が位置している点に特徴があります。ところが AT 降灰後の集落では河川流域に沿って遺跡が分布している点で集落占地のあり方に大きな違いがあることは明らかです。

4. 遺物包含層の意味

　時の断面については、ここで補足しておきたいと思います。東京都仙川遺跡の自然層とそこから出土した遺物深度の関係（小田 1974）や小林公治氏が1998年「遺物包含層をどのように理解するか―旧石器時代文化層を分析して―」（第7図）（小林 1998）、そして東京都多摩ニュータウン796遺跡の遺物集中地点と層位を取り上げ、エドワード・ハリス 1987年の「考古学的な層位から堆積層と遺構境界面の形成」を図示して説明しようとした（エドワード・ハリス（小沢訳）1995）。加えて加藤晋平氏と岡崎里美氏によって1987年に考古学の立場から見た土壌学と題して研究が発表されていますが（第7・8図）、複数の文化層があたかも重複するかのように、分布している点を図示しています。それらのことから、自然層と文化層が 1 単一層内における複数の文化層は存在するか。2 文化層の大きな意味は時の断面を意味しているが、時の歴史性を持っている。3 深度差による石器群の探査とビーナスライン、4 自然要因による遺物の移動と文化行為の結果としての人為的要因について述べようとした点を記しておきたいと思います。

5. 武蔵野台地の集落景観の復原

　本日の討論会の主題でもある『多摩川流域の考古学的遺跡の成立と古環境

文化地理学的にみた考古学の意義について

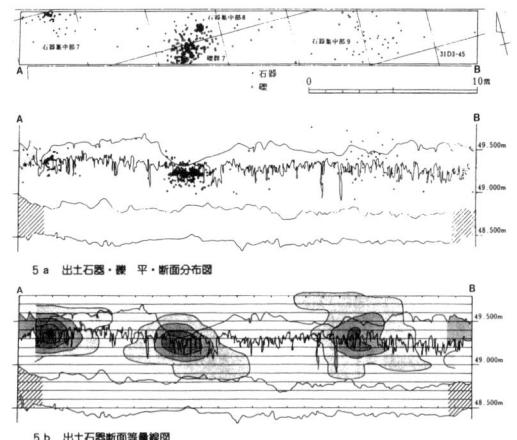

第7図 旧石器時代における層位からみた遺物の出土状態 (小林 1998)

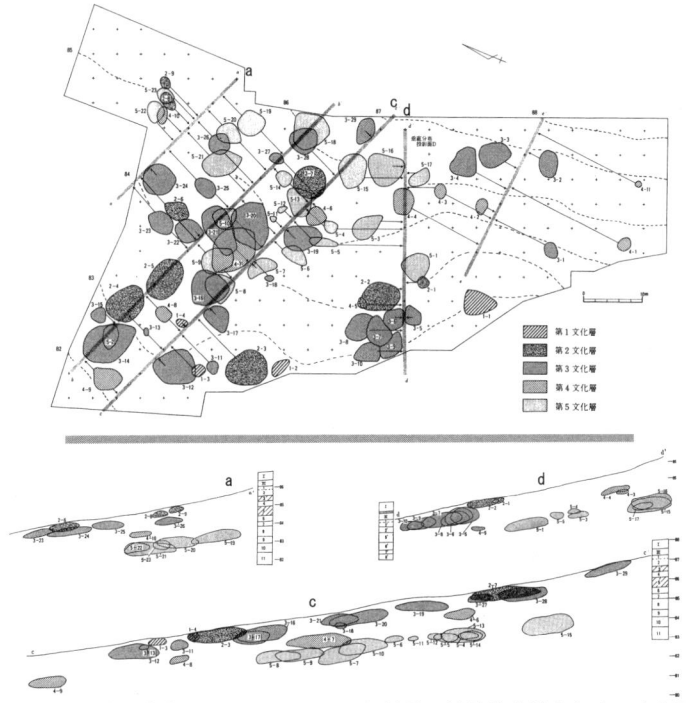

第8図 東京都多摩ニュータウン No. 769 遺跡の遺物集中地点とその文化層
(加藤・岡崎 1987)

I 総 論

復元について』にかかわる一例として、武蔵野台地がどのように考えられていたのか鳥居龍蔵氏の『有史以前の日本』の中で「有史以前の武蔵野」についての記事があるので、その点を少し長くなりますが紹介しましょう。「武蔵野と言えば、何人の頭にも平原一帯の薄原であった事を想像するが、吾々先史考古学の立場から有史以前の武蔵野を考究すると、薄原一面の武蔵野と云うものは余程に時代を経過した後のことであって、有史以前に於ける武蔵野の面影では無い。…武蔵野の低地（沖積層）をなす所は、有史以前には悉く海であって、即ち一方は下総国府台の丘陵まで海原であって、東京湾北足立郡まで深く食い込んでゐたものと考えることができる。只北多摩郡や、南多摩郡は洪積層の丘陵であるから、比較的に桑滄の変化は尠いとするも、然かも荏原の辺は海であった形跡がある。即ち高台の地は一帯原生林で、鬱蒼として昼尚暗きの状況であったと思う。…また此の大森林を縦横に往来することは出来ない。為に当時の住民は東南向きの日向で水に近い丘陵に居を構え、例へば多摩川の畔とか井の頭湖畔とか、或いは海岸の高地、河の支流の台地とふ所など今日遺跡の存する所に住で、其の交通往来の如きは海岸、湖、河の沿岸と云う風に流れに沿うて往来し、或は筏や丸木舟を用いて徂徠したものと思はれる。」（鳥居1918）。

このように鳥居龍蔵氏は文化地理学的に当時の武蔵野の景観を端的にまとめられたわけですが、今日武蔵野における旧石器時代の研究は群馬県岩宿遺跡の発見・発掘後（杉原1956）、武蔵野面の崖線上で旧石器時代の遺跡が次々と発見されていくわけです。東京都練馬区茂呂遺跡（杉原・吉田・芹沢1952）では茂呂型ナイフ形石器が、国分寺市で熊ノ郷・殿ケ谷戸遺跡（吉田1952）では岩宿II段階相当の切出形石器が、そして三鷹市天文台の露頭からはブレイドがそれぞれ発見または調査され、加えて立川面に形成された調布市野川遺跡の発掘調査（小林・小田ほか1971）が行われていく経過があるわけです。その後小田静夫氏等が野川流域の調査を精力的に行い、小金井市前原遺跡（小田・伊藤・C.T.キーリー編1976）、野川中洲北遺跡（伊藤・千葉1989）など野川遺跡と同様の立川面に形成された遺跡があらためて注目されるようになるわけです。

この点については野川流域の豊富な旧石器時代の遺跡が発見されるに及んで、流域での離合集散の中で移動に焦点をあてた稲田孝司氏の研究（稲田1981）をはじめ、私も同様な視点で「野川上流域における遺跡群と石器の出土量」と題して検討したことがあります（白石1983）。

　ところが近年神奈川県綾瀬市吉岡遺跡群と藤沢市用田鳥居前遺跡で約2km離れた遺跡間で台地を越えて石器が接合（吉田・栗原2001）したことや新潟県津南町下モ原遺跡と井尻B遺跡の段丘を違えて600m離れて石器が接合した（佐藤・山本・阿部2000）ことから（第9図）、今までの河川流域ごとの移動論では説明できない状況がわかってきたのです。

　そのことは野川流域でも同様で、府中市No.29遺跡（比田井・五十嵐1996）、調布市野水遺跡（川辺2004）や明治大学付属校地内遺跡（新井・野口・藤田ほか2006）の立川面でそれぞれ旧石器時代の遺跡が検出されたり、崖線部のかなり内奥からも凹地や宙水に遺跡が確認されたりして（野口2006ほか）、武蔵野面の流域移動論や集落論について見直しをする必要性がでてきました。

　かくて段丘に沿った横の移動論や集落論から段丘間を縦走するような移動論や集落論へと再考する必要性を強調しようと思います。そのように考えると、武蔵野段丘崖線部に数多く形成された遺跡をどのように考えたらよいのでしょうか（第10図）。その点段丘崖線部での遺跡形成の意義はその視野を武蔵野面において、常に立川面を見晴らす場としての必要性があったのではないでしょうか。武蔵野面と立川面に環境の差があり、この点下原裕司氏が生業活動に差があった可能性を指摘しています（下原2004）。

　季節差例えば、乾燥した寒期の時期があるとするならば、雨期があったのかどうかさらには立川面での多摩川の増水に伴う水害によって臨機的に武蔵面での遺跡形成を行い、時には拠点的な集落を構成したこともあったでことでしょう（第11図）。武蔵野面と立川面の移動が推定されるところです。前記した自然現象は立川面の谷状の凹地や埋没河川の変動があったのであり（第12図）、例えば流路が変わるごとに植物食料の変動や動物群の移動に伴って、崖上の集団も移動していった可能性があります。武蔵野面に形成されたX層、IX層、IV層でなぜ遺跡数が多く、規模の大きい遺跡が目立つのか、

Ⅰ 総　論

上述した視点から検討することも一考です（第13図）。

　また台地内奥部に占地した湧水源地遺跡[1]の代表例ともいえる小平市鈴木遺跡と武蔵野面の崖線部に形成された遺跡との関連例えば府中市武蔵台遺跡（早川・横山1984）や多摩蘭坂遺跡（上敷領1999、中村2003）相互の関連性も捉えて行く必要があるでしょう（上敷領2004、国武2004）。そのような総体的な在り方から拠点集落とかキャンプ地といった遺跡の規模を捉える必要があるかもしれません。

　遺跡の離合集散についてはすでに安蒜政雄氏や野口淳氏によって同一集団が作業を違えながら、繰り返し同一集団の作業結果としての論稿（第14図）があります（安蒜1985、野口1995）。その視点に対して私は遺跡数の増加は人口の増加を意味している点を述べ、相対峙した観点となっていますが（白石前掲、伊藤1995）、今後、立川面と武蔵野面、あるいは武蔵野面の崖線部に存する遺跡と内奥部の湧水源地にある遺跡の関連など、動的に捉え直す必要があるでしょう。

おわりに

　当日の講演では時の断面について、主として遺物包含層の意味について3枚のスライドを用いて述べる予定でしたが時間の関係で話すことが出来ませんでしたので、この紙面を借り、「4. 遺物包含層の意味」として補足させていただきました。

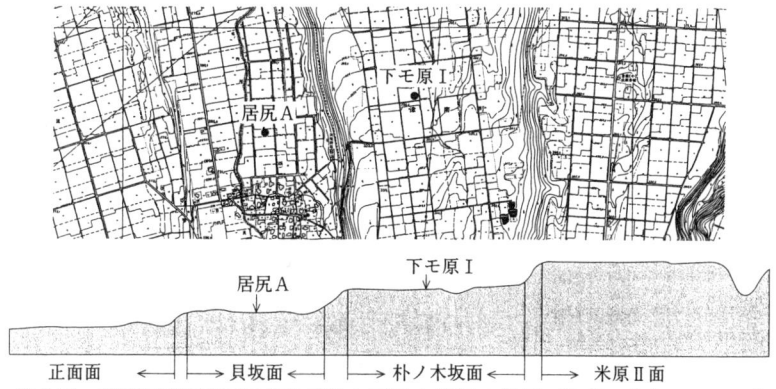

第9図　新潟県津南町下モ原I遺跡と居尻A遺跡の位置（佐藤・山本ほか2000）

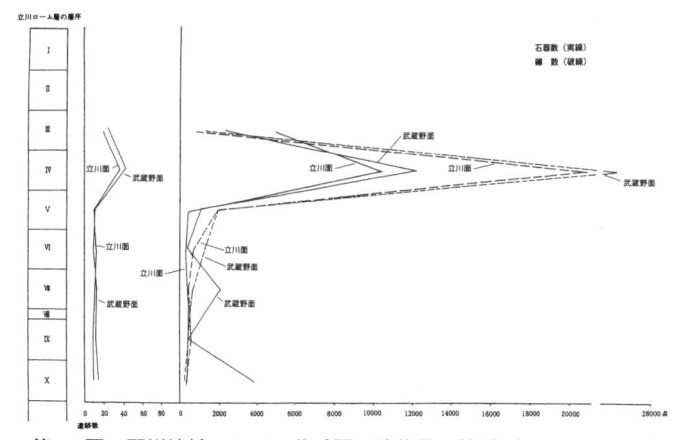

第10図　野川流域における段丘間の遺物量の比較（比田井編2000）

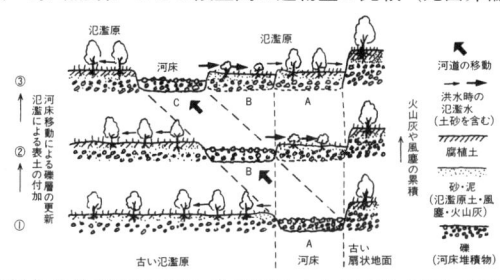

第11図　扇状地での河床礫層（A・B・C）と表土（河濫原土）のでき方のモデル（貝塚1992）

I 総 論

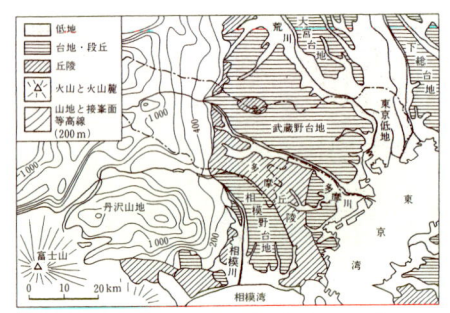

第12図 地形分類図（貝塚 1997）

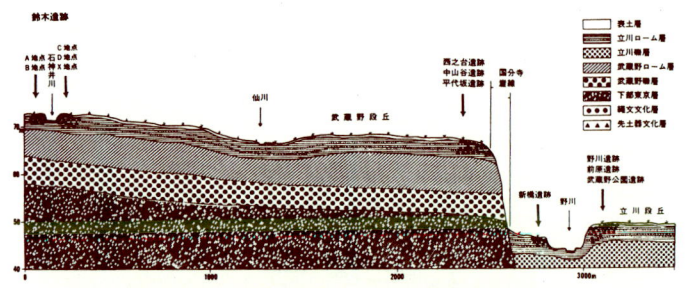

第13図 武蔵野段丘と立川段丘（小田 2003）

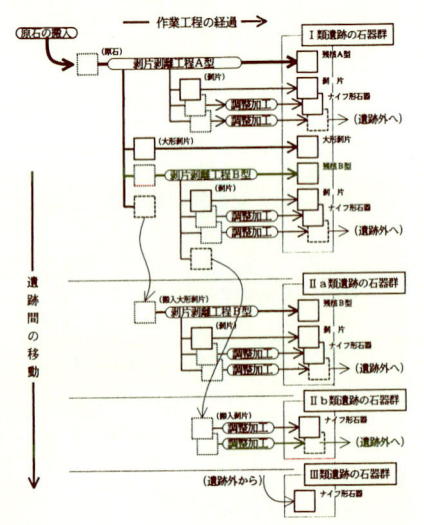

第14図 武蔵野台地Ⅳ下・Ⅴ層段階の遺跡間での工程連鎖（野口 1995）

文化地理学的にみた考古学の意義について

注
1) 湧水源地遺跡 武蔵野台地では大泉池、石神井池、三宝寺池、善福寺池、井ノ頭池の池沼群があり（山崎 1988）、その周辺には多くの旧石器時代の遺跡が存在、もしくは存在が予測される。

引用文献

東木龍七 1925「地形と貝塚分布より見た関東低地の旧海岸線」『地理学評論』2-7.8.9

新井 悟・野口 淳・藤田健一ほか 2006「明治大学付属明治高等学校・明治中学校校舎建設予定地本発掘調査の概要」『年報 3』 明治大学校地内遺跡調査団

安蒜政雄 1985「先土器時代における遺跡の群集的な成り立ちと遺跡群の構造」『論集・日本原史』 吉川弘文館

伊藤富治夫・千葉 寛 1989『東京都小金井市野川中洲北遺跡』

出居 博 2004『上林遺跡』佐野市文化財調査報告 30

伊藤 健 1995「先土器時代社会の人口と領域」『古代文化』47-2

岩崎泰一 1986『下触牛伏遺跡』 財団法人群馬県埋蔵文化財事業団

稲田孝司 1981「先土器時代の遺跡群のとらえ方」『報告 野辺山シンポジウム 1981』

江坂輝弥 1965「生活の舞台」『日本考古学 II ―縄文時代―』

エドワード・ハリス（小沢一雅）1995『考古学における層位学入門』雄山閣考古学選書 42

E. S. モース 1879「はしがき」『大森介墟古物編』

小田静夫・伊藤富治夫・C. T. キリー 1976『前原遺跡』 国際基督教大学考古学研究センター

小田静夫 1974『仙川遺跡』東京都埋蔵文化財調査報告 2

小田静夫 2003「第 2 章東京地方の遺跡調査」『日本の旧石器文化』 同成社

小野忠凞 1981「考古地理学からみた縄文時代とその課題」『特集縄文時代の環境』地理 9

小野忠凞 1986『日本考古地理学研究』 大明堂

貝塚爽平 1992『自然景観の読み方 5 平野と海岸を読む』 岩波書店

貝塚爽平 1997『新版 東京都地学のガイド』地学のガイドシリーズ 13

貝塚爽平 1998『発達地形学』 東京大学出版会

I 総 論

上敷領久 1999『多摩蘭坂遺跡 III』 国分寺市遺跡調査会
上敷領久 2004「野川流域 国分寺市内の遺跡とその分布」『第10回石器文化研究交流会発表要旨』
加藤晋平・岡崎里美 1987「II 考古学の立場からみた土壌学」『土壌学と考古学』博友社
川辺賢一 2004「立川面の遺跡とその分布 ―府中市・調布市・狛江市の遺跡―」『第11回石器文化研究交流会発表要旨』
木内信蔵編 1970『文化地理学』朝倉地理学講座 8
国武貞克 2004「複数空間スケールを考慮した領域分析の試み」『第10回石器文化研究交流会発表要旨』
小林達雄・小田静夫ほか 1971「野川先土器時代遺跡の研究」『第四紀研究』10-5
小林公治 1998「遺物包含層をどのように理解するか ―旧石器時代文化層分析を通して―」『遺跡・遺物から何を読みとるのか』帝京大学山梨文化財研究所研究報告書 1
近藤義郎・佐原 真 1983『大森貝塚』 岩波文庫
Sauer. Carl 1925 The Morphology of Landscape University of California Publicatins in Geography 2
齊藤基生 2003「石器が伝える道具と環境」『日本の歴史―原始・古代 3 ―』週刊朝日百科 33
佐藤雅一・山本克ほか 2000『下モ原 I 遺跡』津南町文化財調査報告 32
下原祐司 2004「野川流域 武蔵野面の遺跡とその分布」『第10回石器文化研究交流会発表要旨』
白石浩之 1983「考古学と火山灰層序 ―特に関東地方を中心とした旧石器時代の層位的出土例と石器群の様相―」『第四紀研究』22-3
杉原荘介 1956「群馬県岩宿遺跡発見の石器文化」『明治大学文学部研究報告・考古学』第一冊
杉原荘介・吉田 格・芹沢長介 1959「東京都茂呂における関東ローム層中の石器文化」『駿台史学』9
高橋伸夫・田林 明・小野寺淳・中川 正 1995『文化地理学入門』 東洋書林
鳥居龍蔵 1918『有史以前の日本』
中村真理ほか 2003『多摩蘭坂遺跡 IV』 国分寺市遺跡調査会
中谷治宇二郎 1927「注口土器、分類ト其ノ地理的分布」『東京帝国大学理学部人類

学教室研究報告』四

中谷治宇二郎 1930「日本の石器時代の土偶研究序説」『1999年日本縄文文化の研究増補改訂版所収』 溪水社

野口　淳 1995「武蔵野台地Ⅳ下・Ⅴ上層段階の遺跡群」『旧石器考古学』51

野口　淳 2006「武蔵野台地北部の地形 ―谷凹地と段丘の形成モデル―」『第11回石器文化研究交流会発表要旨』

早川　泉・横山祐平 1984『武蔵台遺跡』Ⅰ

比田井民子・五十嵐彰 1996『府中市 No. 29 遺跡』東京都埋蔵文化財センター調査報告29

比田井民子編 2000『多摩川流域の段丘形成と考古学遺跡の立地環境』 とうきゅう環境浄化財団

藤岡謙二郎 1969「先史地理学 ―先史地理学とは何か―」『雄山閣考古学講座』2 通論（下）

藤岡謙二郎 1970『先史地域及び都市域の研究』 榊原書店

藤岡謙二郎 1971「歴史地理学」『日本歴史大事典』 河出書房

Milne, J. : 1881 The stone age in Japan, with notes on recent geological changes which have taken places. "Jounal of the Anthropological Institute of Great Britain and Ireland" Vol. 10 : 389-423

山崎謹哉・佐伯岩男・田村正夫 1988『新版日本地誌要説』 古今書院

山下勝年・渡辺誠・松島義章・前田保夫・杉崎　章 1980『愛知県知多郡南知多町先苅貝塚』 南知多町教育委員会

吉岡郁夫・長谷部学 1993『ミルンの日本人種論』 雄山閣出版

吉田　格 1952「東京都国分寺熊ノ郷、殿ヶ谷戸遺跡」『考古学雑誌』38-2

吉田政行・栗原伸好 2001「吉岡遺跡群B区と用田鳥居前遺跡の遺跡間接合資料（神奈川県）」『第7回石器文化研究交流会発表要旨』

渡辺　誠 2003「列島の多様な環境と縄文文化―4 貝塚文化の展開―」『日本の歴史―原始古代3―』週刊朝日百科33

II 立川ローム層の形成と石器文化

後期旧石器時代遺跡の文化層の諸問題

西 井 幸 雄

はじめに

　第Ⅱ部の最初ということで文化層に関する研究史について話をいたします。

　最初に文化層の用語の問題に関しては、角田文衛先生の定義に従い「遺物包含層」と言う一般的理解にとどめ、旧石器研究の中で具体的な話をしたいと思います。

　近代考古学の中で層位論は重要な研究法の一つで、地質学の「地層累重の法則」を応用した研究だと思います。しかし、実際の発掘調査において本格的に議論されてきたのは、それほど古い話ではなく、縄文土器の編年研究の進展と関連してであったと言えます。

　旧石器時代の研究は、岩宿遺跡の発見がスタートです。1949年に岩宿遺跡の発掘調査が実施されましたが、それは偶然的な発見ではなく、それまでの縄文時代研究の延長線上にあったと言えます。

　その意味で、岩宿遺跡の発堀調査では層位論ということが重要視されていました。ローム層から石器が出る。その上層から当時最も古いと言われた撚糸文系土器群が出ていること、ローム層から文化層が2枚確認されたという、当時の層位論的な最前先の研究を使っての成果だと思います。

　この調査を指導されました一人、芹沢長介先生は「層位は型式に優先する」という言葉を色々な本に書いています。その後、芹沢先生は全国的に展開された旧石器時代遺跡の発掘調査から、複数の文化層をもつ遺跡を集成し、1968年に『新版考古学講座1（通論上）』の中で、遺跡をリストアップしております。そして、1974年に『古代史発堀1（最古の狩人たち）』の中で、複数の文化層を有する遺跡ごとに、どの層位からどの様な石器が出土したか、タ

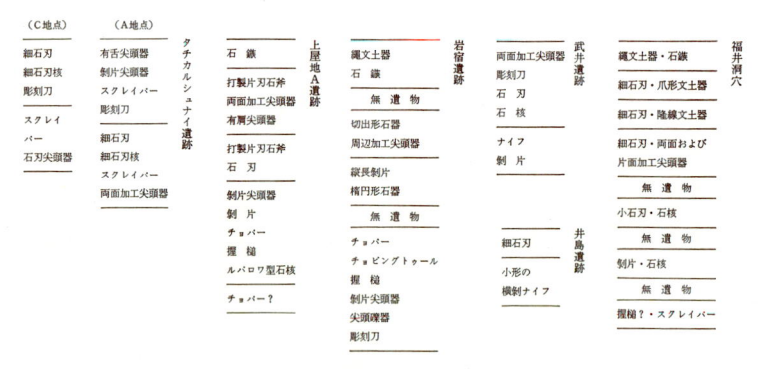

II 立川ローム層の形成と石器文化

(C地点)	(A地点)	タチカルシュナイ遺跡	上屋地A遺跡	岩宿遺跡	武井遺跡	井島遺跡	福井洞穴
細石刃 細石刃核 彫刻刀 スクレイパー 石刃尖頭器	有舌尖頭器 削片尖頭器 スクレイパー 彫刻刀 細石刃 細石刃核 スクレイパー 両面加工尖頭器	石鏃 打製片刃石斧 両面加工尖頭器 有肩尖頭器 打製片刃石斧 石刃 削片尖頭器 削片 チョパー 握槌 ルバロワ型石核 チョパー？	縄文土器・石鏃 石鏃 無遺物 切出形石器 周辺加工尖頭器 縦長削片 楕円形石器 無遺物 チョパー チョピングトゥール 握槌 削片尖頭器 尖頭彫器 彫刻刀	両面加工尖頭器 彫刻刀 石刃 石核 ナイフ 削片 細石刃 小形の 横削ナイフ		縄文土器・石鏃 細石刃・爪形文土器 細石刃・隆線文土器 細石刃・両面および 片面加工尖頭器 無遺物 小石刃・石核 無遺物 削片・石核 無遺物 握槌？・スクレイパー	

第1図 複数の文化層が確認された遺跡（芹沢1974 一部）

イプツールの関係を示す図を載せています。第1図はその一部ですが、これによって、タイプツールの新古関係を積み重ねることによって、旧石器石器群の編年の枠組みが作られました。

　ただし、一つ問題があるとすれば、この全国で集められた層位的事例が全部均一に評価出来るかという問題があります。この中で、井島遺跡がありますが、瀬戸内地方の遺跡です。その層位的な事例をもとに『日本の考古学I』の中で、瀬戸内海編年を鎌木義昌・高橋護両先生が書かれており、それを佐藤達夫先生は「型式学的にも層位的にも、最も確実な地域的編年」(1970)と高く評価し、列島でのナイフ形石器編年の基軸としています。しかしその後、柳田俊雄先生がその資料を再検討した結果、非常に根拠脆弱であり、この地域は堆積が薄く層位的に石器群と捉えにくいことを明らかにしています。柳田先生は「資料的限界を深く認識」したうえで、議論しなければならないと指摘しています。そのように色々な問題はありますが、一つの遺跡で層位的に出てくるという事例は、一つの相対的な部分での新古関係を認識するうえで、もっとも基礎的な方法であるということにはまちがいないと思います。

1. 野川遺跡の調査 (1970年〜)

　1960年代までは、関東地方で複数文化層が確認された遺跡は少なく、今

から見れば最も複数の文化層を有する遺跡がある地域ですが、芹沢先生が集成を行った時点では、瀬戸内海地域の編年のほうが評価されていました。

　1960年の後半から70年代に入ると「野川・月見野以降」、最近では「月見野・野川以降」と呼ばれることが多いと思いますが、武蔵野台地の立場での発表なので、「野川・月見野」というように呼ばせてもらいます。その中で「より広く・より深く」というスローガンが出てきます。まさに、高度経済成長の中で、複数文化層を持つ大形遺跡が立て続けに調査され大きな成果を上げていきます。

　野川遺跡は武蔵野台地の立川面の遺跡ですが、基本土層を第Ⅰ～Ⅹ層に分けています。第Ⅰ・Ⅱ層は黒色土ですから、立川ロームは第Ⅲ～Ⅹ層に分けています。ここで非常に重要だと思うのは、当時関東ロームの研究の中で、自然科学の人達が色々と分析されていますが、ここで示された層位区分は考古学の調査経験に基づいた硬さ、色調、粘性等々を含めた経験的な分層ではないかと思います。同じ論文で羽鳥謙三先生は地質学でよく用いられる4区分に基づいて分析を進めております。

　なぜ、それを強調するかと言いますと、それまでにも複数文化層の遺跡は多くありましたが、野川遺跡ではロームの堆積が3～4mもあり石器群が類々と出土したことによって、今までの調査で検出された石器群をその層位に合わせることが容易になった。野川遺跡の土層柱状図に全部合わせることが出来、"標準"と言うか"模式図的"な層位がここに出来たのではないかと思います。

　それが考古学的な立場で分層線を引いたということもあって、非常に我々にとって分かりやすい層位であり、なおかつ連番であるため非常に便利だったのだと思います。少なくとも第Ⅲ層は第Ⅵ層よりも新しいという、誰が聞いてもわかるような表示です。また、それまでの調査事例をはめ込んでいくことが出来、それによって一つ一つ複数文化層の遺跡を積み重ねるのとは別に、「翻訳機」のようなものとして、野川遺跡の標準層位の中に当てはめていく、「言葉によって」それぞればらばらに動いたものが、皆で共通認識というかたちが出来たと思います。

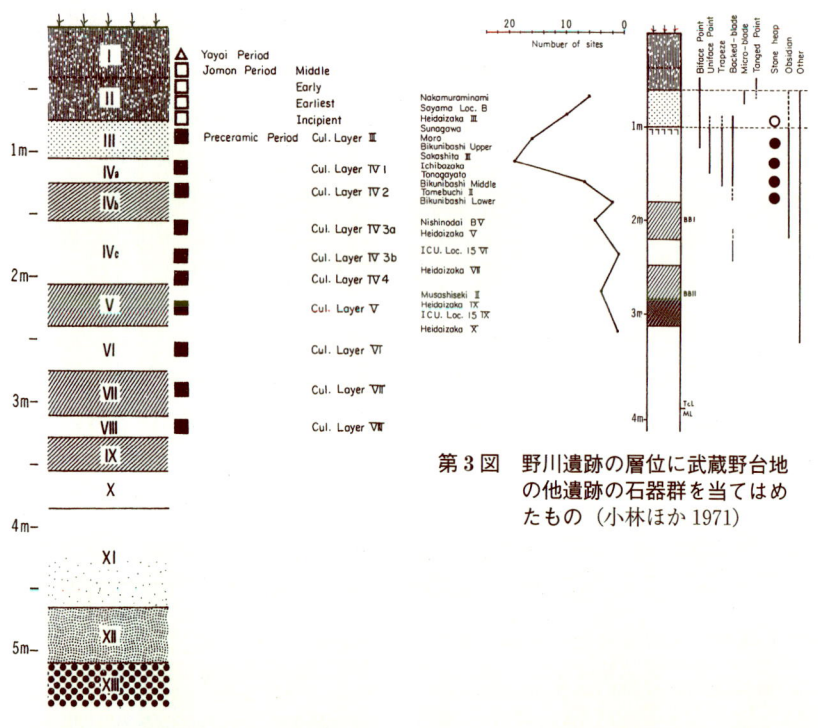

II 立川ローム層の形成と石器文化

第2図　野川遺跡で示された武蔵野台地標準層位（小林ほか1971）

第3図　野川遺跡の層位に武蔵野台地の他遺跡の石器群を当てはめたもの（小林ほか1971）

　それが良いのか悪いのかはともかく、それが出来たことによって非常に石器の編年研究が進んだことはまちがいないと思います。その後、野川流域での精力的な発掘調査によって、これがエンジンとなって編年研究を牽引していったと思います。
　武蔵野台地北部や大宮台地では、その成果を横目でみながら自分達の地域の編年的枠組を作っていったといえます。第11回石器文化研究交流会(2006)の小討論会は武蔵野台地北部をテーマにしましたが、討論に入るにあたっての荒井幹夫さんに講演をお願いしました。その講演の中で、当時(1970年後半から1980年代)の話が出まして、野川流域で出てくる石器群は全て武蔵野台地北部からも同じように出てくるということを一つ一つ確認して

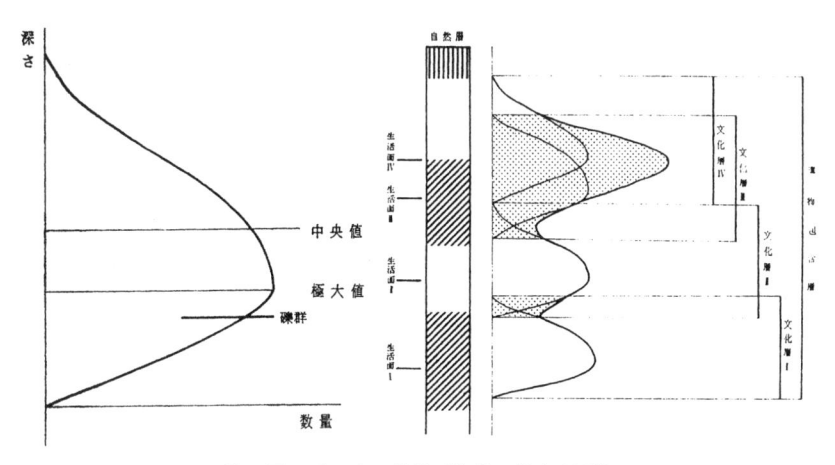

第4図　ビーナス曲線（矢島・鈴木 1976）

いった。いわゆる「不変性」といいますか「最大公約数的編年」の構築というのが、そこでなされたと思います。

　一方で、月見野遺跡群の発掘調査の経験から石器群というのが、「当初は遺物が少なく漸増し、極大に達するとまもなく急激に遺物の出土量が減少するのが一般的傾向である」とし、その遺物の出土頻度を表すグラフを「ビーナス曲線」（第4図）と呼んでいます。また、礫群が遺物出土の最大ピークの直下から見つかる事が多く、礫群の面が生活面ではないかということを言っています。また、武蔵野台地では中山谷遺跡（1975）の発掘調査報告の中でJ. E. ギター・小田静夫さんは石器群がレベル的に拡散して出てくるということを述べています。レベル差が1メートル以上の幅をもって出てくる、その中で比較的重たいものが下に来る、40g以上の石器が出土するレベルが大体の生活面ではないかと指摘しています。もう一つ重要なことは、下層の石器群はレベル的に拡散するのに対し、第III層の石器群に関しては非常にレベルの幅が狭い。一つの遺跡においても遺物の拡散が均一ではないということが述べられております。

　これは私の経験ですが下層が全部レベル的に拡散し、上層は拡散しないというわけでもなく、近接する遺跡においても、レベル差が少なく良くまと

Ⅱ 立川ローム層の形成と石器文化

まっている遺跡と、出土層位の特定が難しいぐらいレベル差がある遺跡があります。それぞれの遺跡の個性と言うか癖（堆積状況やその後の環境に影響されているのか）があるのではないかと思います。

2. 広域火山灰の研究 (1990年～)

　野川流域の遺跡調査が進む中で、1980年代に入りますと広域火山灰の研究が非常に進展します。層位的に比較できる地域は限られており、石器型式による広域での比較というのは中々難しい部分があります。その中で広域で鍵層が一つ見つかったことは、編年研究を飛躍的に進めたといえます。

　先ほど、白石浩之先生の講演の中で引用されていましたが『第四紀研究』第22巻第3号の中で、関東平野全域を対象に層位図の中にAT層（鍵層）を示すことで、層位対比が行われています（第5図）。これによって、相模野、武蔵野、下総台地、そして北関東をも含めた比較をおこなっております。こ

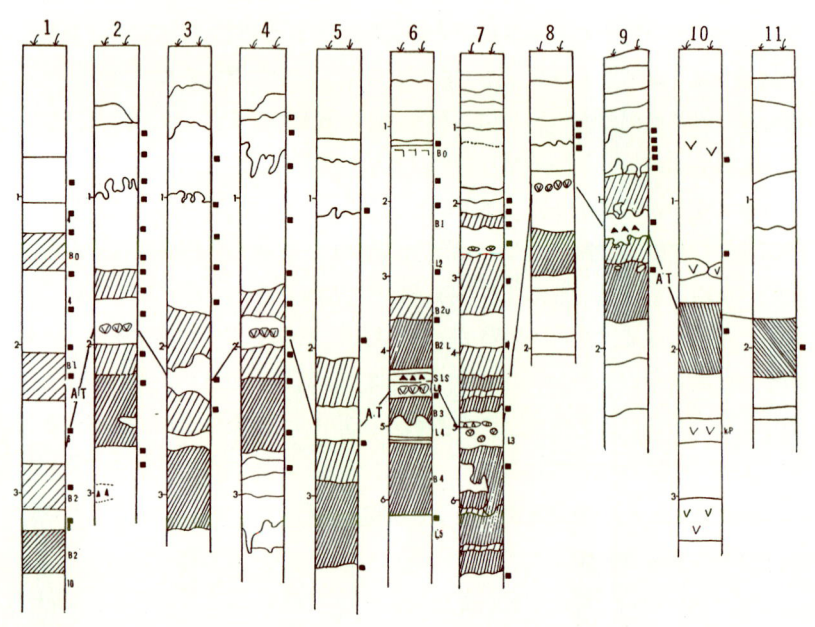

第5図　関東地方の上部ローム層と石器群の出土層位（白石1983）

れは関東地方の図面ですが、AT層は列島全域で確認されており、より広域での比較がされています。これによって、少なくともAT層以前・以降という区分が各地域で可能になり、石器群の編年が逆転した場合もあり、全国的に石器編年が整備されたと思います。

　もう一つ、この『第四紀研究』の特集号の中で言われていますが、広域火山灰というのは大規模噴火、大災害であり、これは環境破壊でもあると指摘されています。この点は第III部との関連が大きいと思いますが、そういった議論を受けるかたちで、考古学のサイドからも論文が出されています。その意味では、AT層は旧石器研究史の中でも鍵層になったと言えます。遺跡立地等の問題だけではなく、AT降灰前後で石器群がどの様に変化するのかと言った議論がされています。ただし、南九州であれば直接的に環境等が激変し、石器群（生活環境）の変化があったと思いますが、関東地方まで姶良火山から離れると、直接的な影響は少なかったと思います。また、自然科学の時間単位の問題と、考古学での石器群変異の単位はなかなか整合しておらず、積極的に評価される人もいらっしゃれば、懐疑的な意見も多かったと思います。

3. 野川遺跡の課題

　野川遺跡の報告の中で、町田洋先生と松井健先生が論評を書かれています。町田先生は、武蔵野台地は第一次テフラが非常に少なく分かりにくい、その中で成果が出たことは評価できるが、富士山近くのテフラの明確な地域との比較が重要であると言われております。

　その点に関しまして上杉陽先生を中心とするグループや、この後で発表されます上條朝宏さんがスコリアの比較研究を精力的に実施しています。

　富士山に近い地域のスコリアは形状が大きく、量もあるため細かい観察が出来ますが、供給源から離れていきますと中々認識が難しいようです。上杉先生と上本進二さんは、大宮台地のさいたま市中川貝塚の露頭を検討し報告書で土層図にテフラ番号を明記しています。その後、上本さんに北本市の遺跡の土層断面を観察してもらいましたが、肉眼でテフラの識別するのは難し

II 立川ローム層の形成と石器文化

いことが分かり、その足で大宮台地東部、宮代町の遺跡を見学したのですが、ここでは肉眼でテフラの識別をするのは不能であることが分かりました。スコリアの供給源から離れると難しい問題はあるにしても、ミクロな地域単位で観察が進めば研究が進むのではないかと期待しています。

　松井先生は土壌学の立場から黒色帯の問題、ソフトロームの問題等に触れられています。我々は黒色帯を目安に分層しており、「地層累重の法則」と言うのではないですが、黒色帯は年代的に一定の期間を示し、安定しているというように思い込みがちですが、土壌学の方では色々と問題があるようです。

　シンポジウムの本(『土壌学と考古学』)が出ていますが、なかなか土壌学と考古学の学際的研究は少なかったと思います。明治大学校地内の発掘調査で、野口淳さんを中心に現場で積極的に共同研究をやられており、その成果を期待しています。

4. 文化層認定の問題

　時間がなくなってきたので、あと少しで終わらせたいと思います。

　私も関わりました石器文化研究会の一連のシンポジウム、特に2回目のシンポジウムのタイトルに「V～IV下層段階」と銘打っています。一部で誤解を生んだのではないかと危惧しています。何故かと言いますと、「V～IV下層段階」という層位自体が存在するかという問題も含めての話ですが、シンポジウムの準備のため議論を重ねた時は、武蔵野台地の中で土層堆積の最も良好な地域の石器群の出土状況を基準に考え、その石器群を広域に広げていく中で、武蔵野台地の東部、北部だとか、大宮台地までを含めて検討しています。自然層位的にその層位から検出されただけではなく、あくまで我々が抽出した段階において、各人の認識を含めた上で討論したわけです。シンポジウムの後、旧石器研究者以外の人から旧石器時代(特に武蔵野台地)の場合に連続的に連綿と石器が層位的、客観的に出てくるんだねと言われました。しかし、先の述べたように、ビーナス曲線の問題だけじゃありませんが、石器はそんな出方はしません。黙ってそこにあるわけではなくて、分布である

とか、遺物レベルの極大値を見ながら、発掘調査での所見や石器の型式学的な考えを加味しながら分析しその結果として文化層を設定しているわけであって、かなり戸惑った記憶があります。

文化層の認定ということが自動的に行なわれている訳ではなく、それぞれの判断とか分析（資料操作）をして文化層を認定しているのだということが報告書にあまり明記されていないのは、会場に来ている五十嵐彰さんが指摘していますが、確かに問題があるのではないかと思います。

おわりに

最後に、近年の問題として2000年以降についてでありますが、新しい世紀のスタートは、捏造問題と重なりあまりに暗いものでした。

東北地方では渋谷孝雄さんを中心に「石器を埋める実験」を行っています。埋めたものがすぐわかるのかと言うと、中々見分けるのが難しいことが分かり私もびっくりしました。埼玉県の検証調査では30cm位あるスコリア層にパックされているものは、層位的、年代的に間違いないのだろうと楽観的に思っていましたが、いざその上面で止めて平面的に鋤簾での精査を行い観察してみると、地震などによるものと思われる断層や植物、動物等による土層の乱れが多く、スコリアの面は斑模様が描けました。断面を見る限りパックされているように思い込み、平面的な確認が疎かになっていたのだと思いました。

この例は、多摩ロームと非常に古いロームですから、これをもって武蔵野台地、立川ローム層の文化層がどうこうと言うのではありません。しかし、考古学の調査としての手続というか、そういうことの必要性を痛感します。

参考文献

麻生 優 1985「層位論」『岩波講座 日本考古学1 研究の方法』岩波書店 pp.80-113

荒井幹夫 2006「武蔵野台地北部の旧石器研究史」『第11回石器文化研究交流会 ―発表要旨―』石器文化研究会他 pp.42-43

II 立川ローム層の形成と石器文化

五十嵐彰 2000「「文化層」概念の検討 ―旧石器資料報告の現状（II）―」『旧石器考古学』60　旧石器文化談話会　pp. 43-56

上杉　陽・上本進二・米澤　宏　1999「神奈川県綾瀬市吉岡遺跡群のテフラ層位」『吉岡遺跡群 IX 考察編・自然科学分析編』かながわ考古学財団調査報告 49　pp. 81-103

小田静夫 2003『日本の旧石器文化』　同成社

神奈川考古同人会編 1979『神奈川考古　ナイフ形石器終末期の諸問題　特集』第 7 号　神奈川考古同人会

神奈川考古同人会編 1980『神奈川考古　特集　ナイフ形石器終末期の諸問題（II）』第 8 号　神奈川考古同人会

鎌木義昌・高橋　護 1965「瀬戸内海地方の先土器時代」『日本の考古学 I 先土器時代』　河出書房新社　pp. 284-302

J. E. キダー・小田静夫編 1975「Attached Fig. 1」『中山谷遺跡』国際基督教大学考古学センター Occasional Papers Number 1

栗原伸好 1999「層位論」『石器文化研究』7　石器文化研究会　pp. 211-220

小林達雄・小田静夫・羽鳥謙三・鈴木正男 1971「野川先土器時代遺跡の研究」『第四紀研究』第 10 巻第 4 号　日本第四紀学会　pp. 231-252

埼玉県教育委員会 2002『埼玉県前期旧石器問題検討報告書』

佐藤達夫 1970「ナイフ形石器の編年的一考察」『東京国立博物館紀要』五　pp. 23-76

白石浩之 1983「考古学と火山灰層序 ―特に関東地方を中心とした旧石器時代の層位的出土例と石器群の様相―」『第四紀研究』第 22 巻第 3 号　日本第四紀学会　pp. 185-198

芹沢長介 1968「層序と編年」『新版考古学講座 1 通論〈上〉』　雄山閣　pp. 193-208

芹沢長介 1974「層位的出土例と相対的編年」『古代史発掘 1 最古の狩人たち』　講談社　pp. 105-117

戸沢充則 1983「町田・新井論文に対する評論」『第四紀研究』第 22 巻第 3 号　日本第四紀学会　pp. 150-152

角田文衞 1968「自然層と文化層」『新版考古学講座 1 通論〈上〉』　雄山閣　pp. 172-193

野口　淳 2006「2 ローム層と文化層、時期区分 ―旧石器時代研究の時間尺度につ

いての覚え書き―」『明治大学校地内遺跡調査団　年報3』　明治大学校地内遺跡調査団　pp. 69-76

久馬一剛・永塚鎮男編 1987『土壌学と考古学』　博友社

町田　洋 1971「小林・小田・羽鳥・鈴木論文に対する論評」『第四紀研究』第10巻第4号　日本第四紀学会　p. 263

町田　洋・新井房夫 1983「広域テフラと考古学」『第四紀研究』第22巻第3号　日本第四紀学会　pp. 133-148

松井　健 1971「小林・小田・羽鳥・鈴木論文に対する論評」『第四紀研究』第10巻第4号　日本第四紀学会　pp. 263-265

矢島國雄・鈴木次郎 1976「相模野台地における先土器時代研究の現状」『神奈川考古』第1号　神奈川考古同人会　pp. 1-30

柳田俊雄 1977「瀬戸内東部及び近畿地方における旧石器時代研究の現状と問題点―特に研究過程における方法論をめぐって―」『プレリュード』20　旧石器文化談話会

南関東における立川ローム層のスコリア形態
―多摩ニュータウン No. 681 遺跡の立川ローム層に見られるスコリアの形態―

上條朝宏

　今日お話しさせていただきます話は、立川ローム層に含まれるスコリアの形態ということです。この話は別に耳新しい話ではありませんで、日々旧石器などを調査していらっしゃる方が発掘現場で詳細をご存知であり、実は知らないのは私だけだったというような話になるかもしれませんが、少し自分なりに考えている問題点がありまして、ここに紹介させていただきます。
　一般に立川ロームの一次鉱物組成を鑑定しますと橄欖石とか輝石類の鉱物組成の増減がそれなりのカーブを描くことが知られています。また AT 層準を中心にしまして、上部に関して言えば、火山ガラスが鑑定されることで層位区分が可能になり、出土石器と人との関係を検討する作業が可能になるわけです。それが AT 層準より下層になりますと、上層に比べ鉱物組成の増減が少なくなってくる感じがいたします。
　これは私の鑑定そのものに、問題があるのかもしれませんが、一次鉱物組成だけでなく、スコリアの形態を含めて再度見直した結果を紹介させていただきます。
　武蔵野台地のスコリア層は、多摩丘陵より多摩川を挟んで富士山から遠くなるわけで粒径が小さくなります。今回は、武蔵野台地と比較するために、どの土壌断面を採用しようかと考えまして、私の方ではまず一番慣れている多摩ニュータウン内の土壌断面から採取した試料を検討し、先行き時間があれば武蔵野台地との比較を試みようとしています。その前に、板橋区の菅原神社台地上遺跡では、AT 層準上面の一次鉱物組成で橄欖石の増減による組成の動きが見られます。府中市の武蔵台西遺跡でも、AT 層準下部の一次鉱物組成をみますと、BBII 相当以下ではやや一次鉱物組成の動きが少ないこ

南関東における立川ローム層のスコリア形態

第1表 多摩ニュータウンNo. 681遺跡のスコリア観察表

採取層位	赤スコ	黒スコ	岩片	径(mm) 赤スコ	径(mm) 黒スコ	発泡形態 赤スコ	発泡形態 黒スコ	土色 赤スコ	土色 黒スコ
5S	15			7<10		卵形		2.5YR3/6	
5-1-1		7	4		5<10	卵形		7.5YR6/6	7.5YR4/2
5-2-1	2	6		2<5	5<7	円形	やや円形	7.5YR5/8	7.5YR3/1
5-2-2	8	4		3<5	4<8	やや円形	やや円形	2.5YR4/4	2.5YR2/1
5-2-3	12	1		4<6	3	やや円形	不定形	2.5YR4/6	7.5YR3/2
5-2-4	15	2		3<8	3<6	不定形	不定形	2.5YR3/4	2.5YR2/1
6-A	19	1		3<7	3	円形・小円形	やや円形	2.5YR4/4	2.5YR3/1
6-B	3	16		4<7	3<5	小円形	円形・小円形	2.5YR4/4	2.5YR2/1
6-C	3	15		3<5	5<10	小円形	小円形	2.5YR4/4	2.5YR2/1
7-A-1	6	27		5<7	5<8	小円形	小円形	2.5YR4/4	2.5YR3/1
7-A-2	1	21			5<10	小円形	小円形	2.5YR4/4	2.5YR2/1
7-A-3	1	33	1	3	5<8	小円形	小円形	2.5YR4/4	2.5YR2/2
7-A-4	10	8	1	3<5	3<5	やや円形	不定形	2.5YR4/4	2.5YR2/2
7-A-5	10	14		3<5	5<8	小円形	不定形	2.5YR3/5	2.5YR2/1
7-B-1	5	13		3<4	3<8	やや円形	不定形	2.5YR4/6	2.5YR3/1
7-B-2	6	11		3<5	3<8	小円形	小円形	2.5YR3/6	2.5YR3/1
7-B-3	6	11	1	3<7	4<8	円形・小円形	小円形	2.5YR4/6	2.5YR3/1
7-B-4	15	5		3<7	5<7	不定形	不定形	2.5YR4/6	2.5YR3/1
9-1	10	4		3<10	3<7	不定形	不定形	2.5YR4/4	2.5YR2/2
9-2	6	7	1	3<7	4<7	小円形	不定形	2.5YR3/4	2.5YR3/1
9-3	7	2		2<8	4<7	円形・小円形	円形	2.5YR4/4	2.5YR3/1
9-4	12	3		2<8	4<8	円形・小円形	不定形	2.5YR4/4	2.5YR3/1
9-5	11	1		2<8	2<5	小円形	不定形	2.5YR4/6	2.5YR3/1
9-6	13	5	1	2<6	5<7	小円形	不定形	2.5YR5/6	2.5YR3/1
9-7	9	5		5<15	4<9	不定形	円形	2.5YR4/6	2.5YR3/1
10-A-1	11	6		2<15	3<13	円形・小円形	小円形	2.5YR4/6	2.5YR2/1
10-A-2	6	3		2<8	7<10	小円形	不定形	2.5YR4/6	2.5YR2/1
10-A-3	12			2<6		不定形	不定形	2.5YR4/6	2.5YR3/1
10-B-1	12	6		2<4	3<5	不定形	不定形	2.5YR4/6	2.5YR3/1
10-B-2	12	3		2<5	5<7	円形	不定形	2.5YR4/6	2.5YR3/1
10-B-3	4	3		2<5	2<5	不定形	不定形	2.5YR4/6	2.5YR3/1
11-1	2	1		3<7	1<2	不定形	小円形	2.5YR4/8	2.5YR3/1
11-2	6	1		2<3	1<2	不定形	小円形	2.5YR4/8	2.5YR3/1
11-3	2	1		1<2	1<2	小円形	小円形	2.5YR4/8	2.5YR3/1
11-4	2	1		2<3	1<2	小円形	小円形	2.5YR5/8	2.5YR3/1

53

II 立川ローム層の形成と石器文化

湯船原第3スコリア相当(×60)　第Ⅰ層中のスコリア(×80)　第Ⅰ層中のスコリア(×100)

湯船原第2スコリア相当(×60)　　　　　　　　　　　　　第Ⅱa層中のスコリア(×100)

Ⅰ層
Ⅱa層
Ⅱb層
Ⅲ層

湯船原第1スコリア相当(×30)　第Ⅱb層中のスコリア(×150)

青柳スコリア(×60)　第Ⅲ層中の青柳スコリア相当(×100)

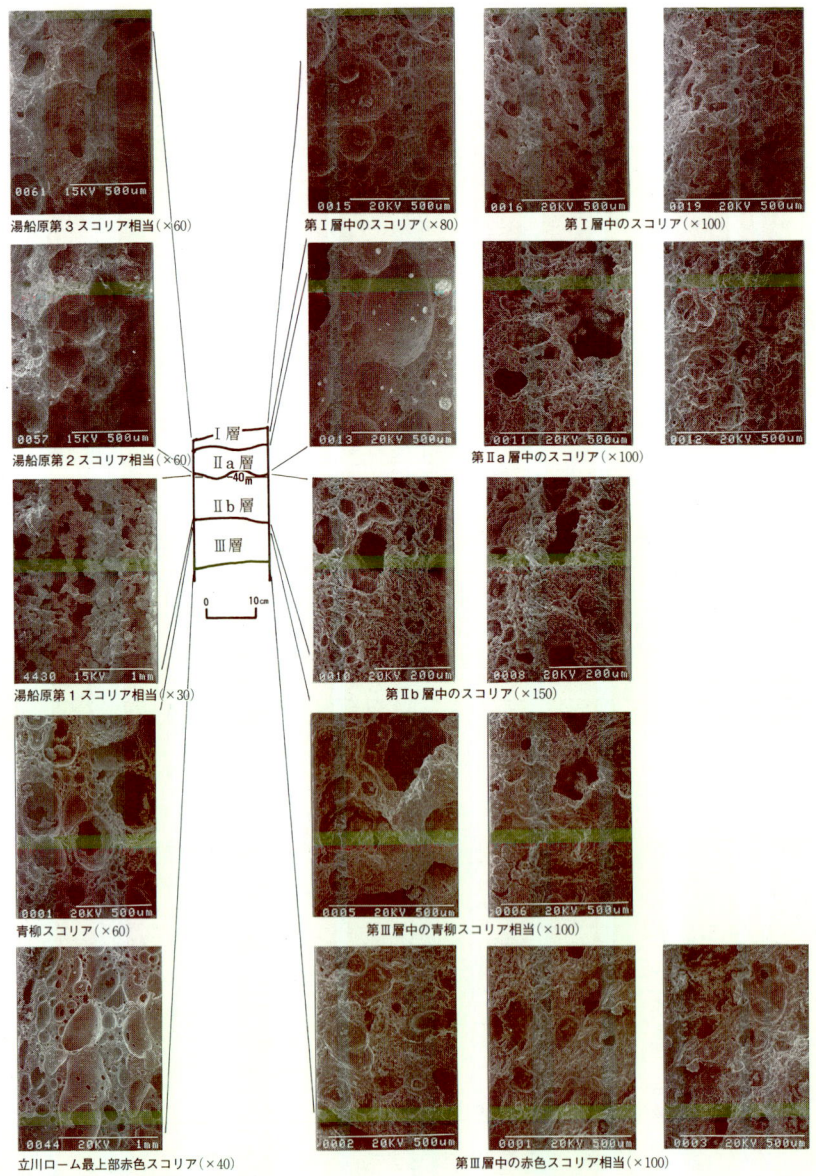

立川ローム最上部赤色スコリア(×40)　第Ⅲ層中の赤色スコリア相当(×100)

丸山東遺跡のスコリア

第1図　多摩ニュータウン地域と丸山東遺跡に見られるスコリアの形態

とがわかります。したがって、これらの層準から旧石器が出土した場合に一次鉱物組成からどのように出土層を表現できるかということでスコリアの形態を検討してみようと思いました。

さて、スコリアといいますのは、火山灰中に含まれている岩滓質な粒状の物質であります。第1図は、世田谷区の都立園芸高校内の丸山東遺跡の土壌断面上部のスコリアの形態です。左側が立川ロームの層準に近い多摩ニュータウンのスコリア形態となります。

このうち、丸山東遺跡の上部にみえるスコリアのうち、1点だけ輪郭がしっかりしたスコリアがみえますが、このスコリアの供給先は検討を要します。それ以外は、富士山系のスコリアとしていいと思います。

スコリアの発泡が良好というのは、細かい分類はおこなっていませんが、円形もしくは卵形で円形に近く、凹レンズ状のように底がみえるもの、あるいは底が抜けているものを指し、逆に穴が不定形で小さくなっているものは発泡が不良と解釈しています。また、スコリア自体、色んな色とか形がありまして、色でいえば、赤褐色・黄褐色などの色調がありますが、今回は大きく2種類に分けて、赤色と黒色のスコリアとして報告させていただきます。

第2図は、多摩ニュータウンと富士山東方地域のとの比較になりますが、立川ローム最上部の青柳スコリアと下部の赤色スコリアの発泡性を紹介したもので卵形あるいは円形のスコリア形態になります。それから下層の第一黒色帯（BB1）でやや発泡性が小さくなり、AT層準以下の層になると発泡性が小さいスコリアがみられます。

さて、多摩ニュータウンの土壌断面のうち、どの断面を紹介しようかということなのですが、その選択にあたって蛍光X線分析法による火山灰分析を紹介しますと、多摩ニュータウン区域内には、No.753遺跡に隣接する大露頭がありまして、永塚澄子先生が蛍光X線分析法で分析した主要元素8元素、微量元素3元素の分析結果のうち、マグネシウム・カリウム・カルシウム・ストロンチウムの動きが参考になります。

これらの元素分析からみると立川ローム、武蔵野ロームの境がみえてきます。おそらく元素分析結果からみて、立川と武蔵野ローム層の境界が明瞭に

II 立川ローム層の形成と石器文化

できたのは、この分析例が初めてではないかと思っています。そこでこの元素分析にあった土壌断面を検討した結果、立川ロームの残りが良好な場所として、No. 681 遺跡を選びました。この土壌断面は、立川ローム層の最上部が一部分消失していますが、永塚澄子先生の元素分析からも武蔵野ロームの上部まで確認できます（第1表、第3図）。また多摩ニュータウン区域は、斜面堆積が多いため第二暗色帯相当は、ほとんどが水付ロームになっていますが、この No. 681 遺跡の土壌断面は、やせ尾根にもかかわらず武蔵野台地のX層相当の赤色スコリアも観察されます。そういった意味では、将来的に武蔵野台地と比較する上で良好な断面といえます。

　この第3図を大まかに説明しますと、AT層準が数字でいえば、6番Cで6-A・B・Cとなりますけど、A・Bあたりが第一黒色帯（BB1）相当、それから7番相当が第二黒色帯（BB2）の上層相当、それから8番近くが第二黒色帯の下層相当になり、10層がアカスコ帯で、11層が武蔵野ローム層上部となります。

　（電子顕微鏡画像1）上段の5sから5-1〜5-2が立川上部のアカスコで第2図4・9に相当し発泡性が良いことがわかります。

　（電子顕微鏡画像2〜4）通常のハードロームのアカスコは第2図5〜7に相当し、6-aは第2図8に相当し第一黒色帯近くになります。そして6-B・CがAT層準になるんですけども、この層準から、少し発泡性のあるものから、発泡性の少ないスコリアに移っていきます。このあたりが境目になってくるのですけど、第二黒色帯に入って7Aから下層については、一見すると発泡しているように見えるのですが、第2図10に相当し発泡の穴が小さくなります。このスコリアは、手にとってみますと、黄褐色で堅いスコリアであり、発泡の穴が非常に小さいということが肉眼的にも判断できると思います。

　（電子顕微鏡画像5）続いて7Bが第二暗色帯の上層と下層の境目になります。この段階でやや発泡する傾向が見られます。その後下層になるとまた発泡性が少なくて穴の径も小さくなります。

　（電子顕微鏡画像6）第二暗色帯の下層部分は、第2図11に相当し割合発泡が小さいということが見て取れます。

南関東における立川ローム層のスコリア形態

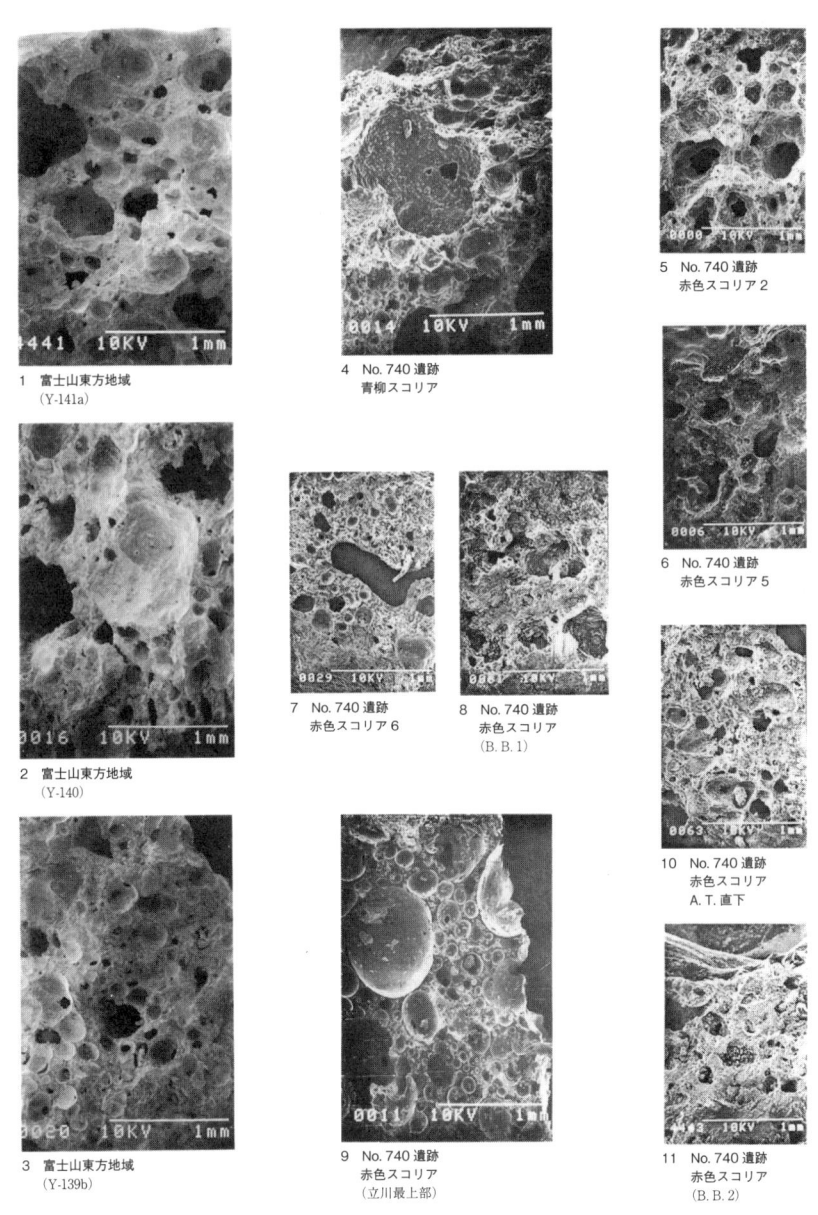

1 富士山東方地域 (Y-141a)
2 富士山東方地域 (Y-140)
3 富士山東方地域 (Y-139b)
4 No. 740遺跡 青柳スコリア
5 No. 740遺跡 赤色スコリア2
6 No. 740遺跡 赤色スコリア5
7 No. 740遺跡 赤色スコリア6
8 No. 740遺跡 赤色スコリア (B.B.1)
9 No. 740遺跡 赤色スコリア (立川最上部)
10 No. 740遺跡 赤色スコリア A.T.直下
11 No. 740遺跡 赤色スコリア (B.B.2)

第2図 富士山東方地域と多摩ニュータウンNo. 740遺跡の更新世のスコリア形態

II 立川ローム層の形成と石器文化

第3図 蛍光X線分析法による関東ローム層の土壌分析（永塚 1990・1991）

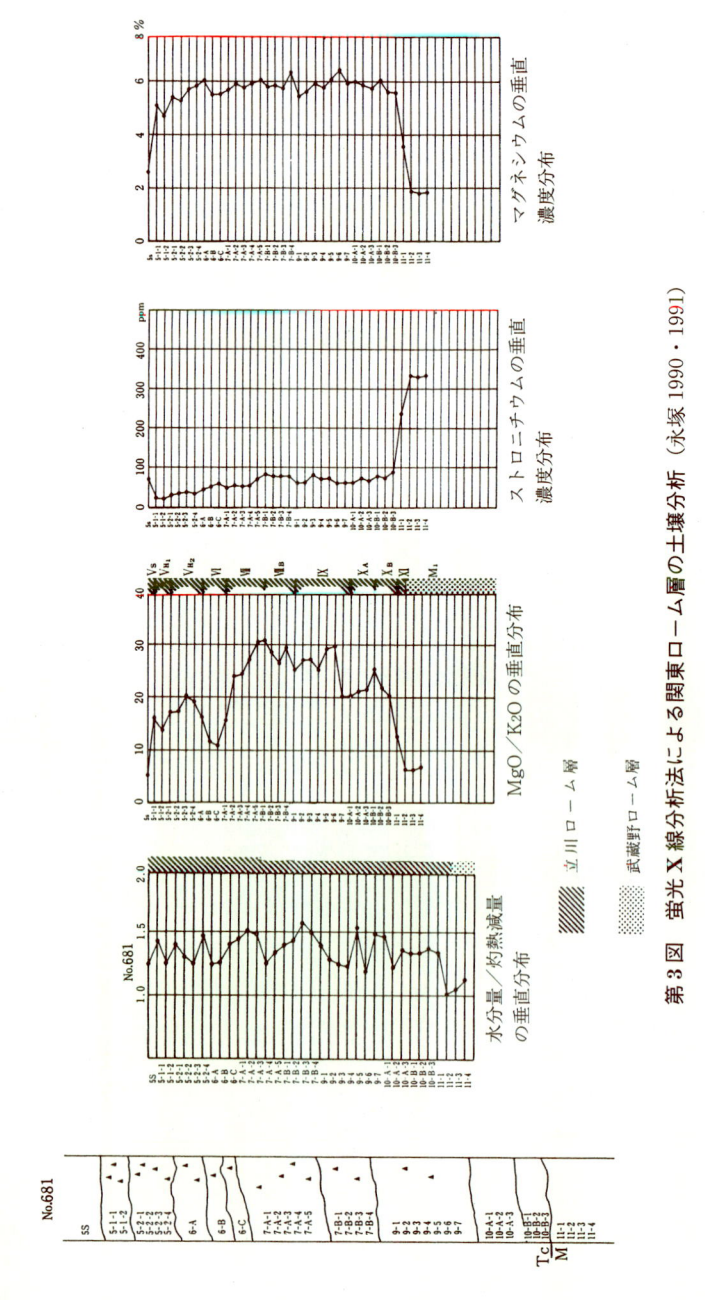

最初に言い忘れましたけど、倍率は、全部60倍で撮影しています。
　(電子顕微鏡画像7) それで10層のアカスコ近くなってくるわけですけれど9-7から10-A、この辺りからアカスコになってきます。
　(電子顕微鏡画像8) 割合発泡の小さいものから少しずつ若干発泡の形態が大きくなってくると10AB、このあたりでアカスコ帯ということで、アカスコ帯の上層部分は割合スコリアも大きくて発泡もいいのですが、下層の部分になると割合発泡も小さくて少ない傾向になります。
　(電子顕微鏡画像9) 11になってきますと、武蔵野上部になります。スコリアの大きさが1～2mmしかないので塊ごとカッターで切り取りまして、試料台に載せて撮影した状態ですが、武蔵野ロームの場合は非常に粒が小さく、スコリアの色もアズキ色に近い色になります。立川ロームの場合は、褐色もしくは黄褐色に近い色が多いとすれば、武蔵野上部に関していえば、やや明るい明赤褐色のスコリアで発泡性が小さくなります。
　以上、スコリアの形態を見てきましたが、一次鉱物の鑑定結果だけで判断しますと、鉱物組成の変化が少ない場合は、どの層に決めるかの判断に迷うことがあるかもしれません。また、地域によっては、AT層準が抜けていたりする場所があるかもしれません。その場合は、指標になる火山ガラスが判断基準に使えないわけですから、一次鉱物組成で決定しなければなりません。そういう時にスコリアの形態を参考にすることで層位を決定する上で、役にたつことはないだろうかと、今回紹介してみたわけです。
　なお、これらのスコリアの研究については、2001年に比田井民子さんが編集されている『多摩川流域の段丘と旧石器の考古学的立地と環境』という報告書がありますが、その中で府中市の松田隆夫さんが、私が報告したより、詳細な記載で報告がなされています。内容的には、写真で見るのと、文章表現とで少し理解がしがたいかもしれません。しかしながら立川ローム層中に含まれるスコリアは、全層中同様なスコリアというわけではなく、発泡が良いスコリア、悪いスコリア、柔らかいスコリアも固いスコリアもあるわけで、より肉眼で判断しやすいスコリアを再度上層から下層まで見直してみる必要性があるのではないかということで紹介させていただきました。

II 立川ローム層の形成と石器文化

注
　電子顕微鏡画像 1～9 は上條朝宏 2008「多摩ニュータウン No.681 遺跡の立川ローム層に見られるスコリアの形態」『多摩川流域の考古学的遺跡の成立と古環境復元』（印刷中）とうきゅう環境浄化財団を参照いただきたい。

引用・参考文献
上條朝宏 1997「3 菅原神社台地上遺跡出土の旧石器時代土坑に伴う火山灰の一次鉱物組成について」『菅原神社台地上遺跡』東京都埋蔵文化財センター調査報告第 46 集

上條朝宏 2004「2 旧石器時代土坑（A97-SK15）覆土の一次鉱物組成について」『武蔵国分寺跡関連遺跡（武蔵台西地区）』東京都埋蔵文化財センター調査報告第 149 集

上條朝宏 2005「多摩ニュータウン区域の火山灰中に含まれるスコリアの形態分類について」『東京都埋蔵文化財センター研究論集 XXI』

上條朝宏 2006「丸山東遺跡の表層土壌の分析について」『丸山東遺跡』東京都埋蔵文化財センター調査報告第 196 集

永塚澄子ほか 1990「蛍光 X 線分析法による関東ローム層の土壌分析」『研究論集 VIII』東京都埋蔵文化財センター　pp.67-83

永塚澄子ほか 1991「蛍光 X 線分析法による関東ローム層の土壌分析 ―多摩ニュータウン No.796 遺跡の D.E.H 地点の攪乱層位について」『研究論集 IX』東京都埋蔵文化財センター　pp.67-86

比田井民子 2001『多摩川流域の段丘と旧石器の考古学的立地と環境』　とうきゅう環境浄化財団

松田隆夫 2001「第 2 節　多摩川左岸における立川段丘の凹地地形」『多摩川流域の段丘形成と考古学的遺跡の立地環境』　とうきゅう環境浄化財団

武蔵野台地における後期旧石器時代前半期石器群の層位編年研究に関する諸問題

山 岡 拓 也

はじめに

　武蔵野台地は日本列島の他の地域に比べて土層の堆積が比較的厚いことや、研究史が古いこと、調査事例が非常に多いことなどからこれまで後期旧石器時代前半期石器群編年の標識的な地域として扱われてきました。しかし、近年の研究の進展により、層位編年研究の基礎的な問題点が明らかにされています。本報告では、武蔵野台地における後期旧石器時代前半期石器群の層位編年をめぐる問題点を整理するとともに、それを踏まえた再検討の方法とその検討結果の概要を示していきます。

1. 武蔵野台地における後期旧石器時代前半期石器群の層位編年研究に関する諸問題

　1970年代から旧石器時代の調査研究が本格化した武蔵野台地は、1990年代初頭までには日本列島の後期旧石器時代前半期石器群編年の標識的な地域としてみられるようになっていました。しかし、近年、武蔵野台地の層位編年研究に関するいくつかの基礎的な問題が指摘されています。

　その第1は、一般的に石器群編年の単位とされる文化層に関する問題です。旧石器時代研究における文化層概念の再検討が行われるとともに、文化層設定に関する問題が指摘されました（五十嵐2000）。文化層の設定にいたる資料操作の過程が明示されていないことなどが問題として指摘されています。こうした指摘を踏まえて相模原台地の既報告資料を対象に、平面分布・垂直分布・接合関係・石質・重量などから再検討が行われ、文化層が再設定された例もあります（相模原市立博物館編2005）。今後文化層をはじめとした分析単

II 立川ローム層の形成と石器文化

位を設定する際には、遺跡の形成過程を検討するとともに、それを踏まえた資料操作の過程を示すことが重要になるといえます。それに加えてこれまでの編年研究で扱われた各遺跡の見直しも必要となります。既報告の遺跡を対象として分析単位を設定するための資料操作を改めて行うことは難しいですが、少なくとも編年研究に用いることのできる遺跡の条件を考えて、従来の編年を見直す必要はあるといえます。

　第2は、石器群の層位編年の方法に関する問題です。一般的に考古学の立川ローム層の層位区分は黒色帯を目印にして行われていますが、黒色帯と黄褐色ローム層の境界は連続的で、厳密に各遺跡で同様の分層を行うことは難しいとされてきました。本来は立川ロームVI層に包含されるAT（バブル型火山ガラス）のピークが上層の黒色帯（立川ロームV層）や下層の黒色帯（立川ロームVII層）に含まれるという遺跡の調査報告もあり、ATの層序的位置が各遺跡でばらついていることが示されました（比田井ほか2006）。こうした指摘を踏まえて、武蔵野台地の旧石器時代調査で一般的なローム層区分を明確な時間尺度を示す層序単元として扱うことに対して、それを問題とする指摘もあります（野口2006）。そのため、より確実に石器群を時間軸上で序列化していくためには、今後、テフラに関する情報や石器群に伴う^{14}C年代測定値をさらに蓄積していく必要があるといえるでしょう。それに加えて、黒色帯を目安とする層序区分をより大まかな時間指標としてとらえなおしその時間的な分解能を捉えなおすとともに、従来の編年を見直す必要もあるでしょう。

　第3は、石器群の時期差と、ある継続期間内における遺跡間変異に関する問題です。ある継続期間内に先史狩猟採集民が様々な活動痕跡を残すことは研究史の比較的早い段階から認識され（加藤1970）、南関東では石材消費など遺跡のつながりとして議論されてきました（野口1995、島田1996、吉川1998、国武1999など）。最近でも編年研究と遺跡間変異との関わりをめぐる問題が取り上げられています（野口2006）。しかし、後期旧石器時代前半期については、同一時期内における遺跡間の違いがどの程度あるのか、そしてそれをふまえて石器群の時期差はどのように認められるのかという点はあまり検討

されていません。そのためこれまで時期差と考えられてきた項目について、ある継続期間での遺跡間変異の可能性も視野に入れて定量的に検討し、どの程度の差を時期差として認めることができるのか示す必要があるでしょう。

以上で指摘した問題点のうち、とくに第1・第2の問題点は、既報告の資料を対象にして解決できるものではなく、今後の発掘調査・資料整理で意識的に取り組まねばならない課題です。また、これまでの石器群編年を構築するもとになった既報告資料については、編年研究で扱うことができる遺跡の条件や比較の方法を検討し、現状でどの程度の議論が可能であるか考える必要があります。これを踏まえて武蔵野台地後期旧石器時代前半期における石器素材の利用形態の変遷過程を検討しました（山岡2006）。以下では、その中で示した検討の方法とこれまで時期差として扱われてきた項目の再検討結果に絞ってその概要を示していきます。

2. 再検討の方法

再検討で扱う石器群の単位は既報告の遺跡・文化層の石器集中としました。石器集中ごとに帰属層位が示されている遺跡のみを扱っています。この条件

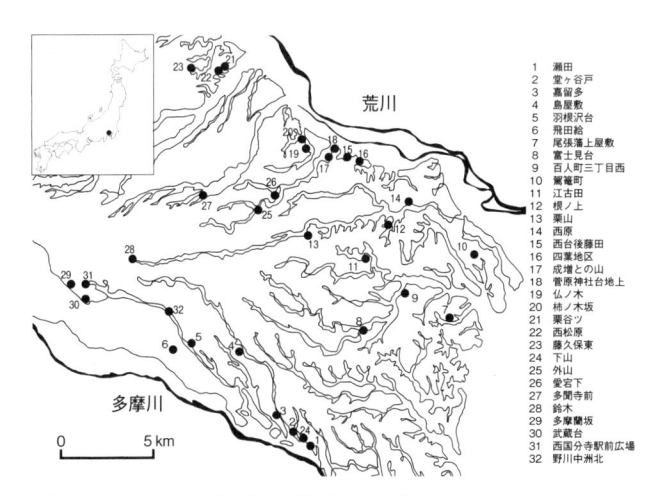

第1図　遺跡の分布（比田井編2001：第I-1図を再トレースして作成）

Ⅱ 立川ローム層の形成と石器文化

に該当しない遺跡は検討対象からはずしています。なお、接合関係及び母岩の共有関係にある石器集中をあわせたまとまりを比較検討の単位としています。実際には、武蔵野台地の後旧石器時代前半期に属する32遺跡における71の石器集中あるいはそのまとまりを対象として検討を行いました（第1図）。

ある継続期間における石器群の平均的な状況と遺跡間の変異幅を把握するために、考古学の層位区分による遺跡間での比較を行いました。これとともに、石器群の先後関係を確認するために個別遺跡ごとに出土層位が異なると報告されている石器集中を比較しました。このうち個別遺跡における石器集中の出土層位の上下差は石器群の先後関係や時期差を判断するより確実な方法だといえます。ただし、ある継続期間内での遺跡間のバラエティーについて考えるとき、石器の特徴以外の時間尺度による遺跡間での対比が不可欠となります。このためより大まかな時間指標であっても、従来の考古学の層位区分による遺跡間の比較を重視しています。

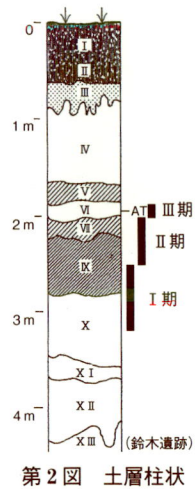

第2図　土層柱状図（鈴木遺跡調査団編1978：第6図を修正・加筆）

石器群の検討では、石器素材の利用形態を考える材料となる項目を設定しました。その中で従来の編年研究で時期差が認められている項目は石器石材、ナイフ形石器と台形様石器（定形石器）の組成と素材剥片、剥片剥離技術、斧形石器の有無です。石器石材については各石器集中に占める黒曜石の割合を点数と重量から比較しました。剥片剥離技術については石刃・縦長剥片の連続的な剥離が認められる接合個体を扱いました。ナイフ形石器と台形様石器の構成と素材剥片についてはそれらを定形石器として再定義して抽出し（第3図）、それをもとにそれらの組成を比較するとともに、定形石器と二次加工剥片に含まれる石刃・縦長剥片を素材剥片とするものの割合を比較しました。斧形石器については刃部磨製を含む斧形石器の出土例を扱いました。斧形石器については分析対象とした石器集中に限らず出土層準が報告されている武蔵野台地の出土例を管見の限りすべて扱い、出土状況別に点数を確認

武蔵野台地における後期旧石器時代前半期石器群の層位編年研究に関する諸問題

しました。

3. 再検討の結果

　検討の結果、I期からIII期までの3時期区分による石器群の変遷過程を示しました（山岡2006）。I期に属するのは立川ロームX層からIX層下部に出土層位があると報告されている石器群、II期に属するのは立川ロームIX層上部からVII層に出土層位があると報告されている石器群、III期に属するのは立川ロームVI層に出土層位があると報告されている石器群です（第2図）。これは第Ia亜文化期（第X層中部～第X層上部）・第Ib亜文化期（第X層最上部～第VII層下部）・第Ic亜文化期（第VII層上部～第V層下部）とする時期区分（赤澤ほか1980）や「X層段階」「IX層段階」「VII層段階」「VI層段階」という時期区分（石器文化研究会編1989、1990、1991など）と若干ずれます。

　以上の時期区分の根拠とした石器群に認められる時期差は、各時期における遺跡間の変異幅を勘案すると大まかには2種類に分かれます。黒曜石の割合や定形石器の組成、定形石器や二次加工剥片の素材剥片の差は一時期の様相を平均化したときに現れるより大まかな差です。これに対して、石刃技法に関わる接合個体の特徴や斧形石器の組成状況は特定の時期のみに認められるより明確な時期差であると考えられます。以下では時期差を表す各項目についてみていきます。

　まず、時期ごとにより大まかな差を示す項目をみていきます。石器石材では、各石器集中に占める黒曜石の割合を比較したところ、点数においても重量においてもI期・II期・III期の順に各石器集中の黒曜石の占める割合の上昇が認められました（山岡2006：第1表を参照）。ただし、個別の遺跡ではIII期やII期でも黒曜石のない石器集中がある一方で、I期で黒曜石の割合が非常に高い石器集中も認められました。また多くの遺跡で時期ごとの平均的な様相差を反映して、より上層に帰属する石器集中で黒曜石の比率は高くなるものの、すべての遺跡でそれが認められるわけではありませんでした。

　定形石器の比較では、A（基部加工のナイフ形石器）、B（一側縁加工のナイフ

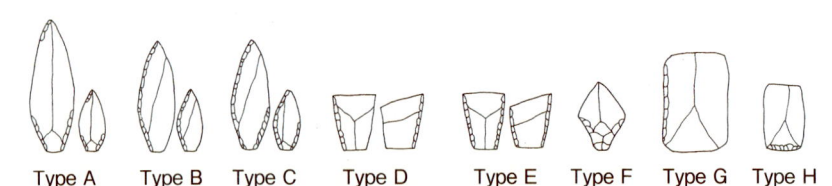

Ⅱ 立川ローム層の形成と石器文化

| Type A | Type B | Type C | Type D | Type E | Type F | Type G | Type H |

Type A：素材剝片長軸の先端部と基部あるいは基部の両側縁に二次加工があり、先端が先鋭なもの
Type B：素材剝片長軸の一側縁のほぼ全縁に二次加工があり、先端が先鋭なもの
Type C：素材剝片の二側縁に二次加工があり、先端が先鋭なもの
Type D：素材剝片長軸の一側縁に二次加工があり、両側縁を結ぶ縁辺がおおむね斜状・平状のもの
Type E：素材剝片長軸の二側縁に二次加工があり、両側縁を結ぶ縁辺がおおむね斜状・平状のもの
Type F：素材剝片の長軸の基部の両側縁に二次加工があり、全体がペン先状を呈するもの
Type G：素材剝片の長軸にその長さの1/2以上の連続した二次加工があるもの
Type H：素材剝片の端部に急角度の二次加工があるもの

第3図　定形石器

形石器)、C (二側縁加工のナイフ形石器)、D・E (台形様石器あるいは藪塚系ナイフ形石器)、F (ペン先形ナイフ形石器)、G (削器)、H (掻器) を設定して比較しました (第3図)。その中でGとHについては各時期で認められますが、A・B・C・D・E・Fについてはその組み合わせに時期差が認められました。Ⅰ期では主にA・D・E・Fが認められました。これに対してⅢ期では、A、B、Cが組成の中心となります。そしてⅡ期はⅠ期とⅢ期の中間的な様相でA・B・C・D・Eが揃います (山岡2006：第2表を参照)。ただし、こうした組成の傾向はあくまで各時期の石器群全体として認められるものであり、必ずしも個別の石器集中ですべてが揃うわけではありません。すべてが揃っている石器集中もあれば、部分的に欠落していたり、定形石器がまったく組成に加わらない石器集中もあります。個別遺跡で帰属層序が異なる石器集中の間では、時期全体の特徴を反映してより明確な時期差を示す遺跡もあるものの、多くの遺跡では時期全体の平均的な状況に矛盾しないという程度の時期差を示すにとどまります。石刃・縦長剝片を素材剝片とする定形石器及び二次加工剝片の割合はⅠ期・Ⅱ期・Ⅲ期の順に上昇していくことが確認できました (山岡2006：第3表を参照)。ただし、黒曜石の割合と同様にすべての遺跡の石器集中で等しくこのような時期差が認められるわけではありません。平均的な時期差を反映して、より上層に帰属する石器集中で石刃・縦長剝片を素材剝方とする定形石器や二次加工剝片の割合が一般的に高くなるものの、

武蔵野台地における後期旧石器時代前半期石器群の層位編年研究に関する諸問題

第1表　斧形石器の出土例

遺跡・地点・文化層	出土層位	石器集中内	石器集中外	出土位置詳細不明
島屋敷第 III 石器群	VII		1	
富士見台 2 文	IX 上	1		
下里本邑 IX	IX 中	1		
多聞寺前 IX	IX 下	2		
はけうえ	IX 下			
東早淵 IX 下	IX 下	5		
東早淵 X	X	1		
東早淵第 4 地点 2 文	IX 下〜X		1	
多摩蘭坂	X	1		
多摩蘭坂第 5 地点 1 文	Xa〜Xc	6		
多摩蘭坂第 5 地点 2 文	IX 下〜Xa		1	
多摩蘭坂第 8 地点 1 文 A 区	Xb〜Xc	5		
武蔵台	Xab	8		
武蔵台西地区 1 文	Xb	4		
花沢東 X	X			
下山 2 次	X		1	
瀬田 X	X	2	1	
栗原 X	X			
もみじ山 X	X	2		
藤久保東第 2	X	1		
野川中洲北	X	1		
西台後藤田 Xb	Xb	1		
尾崎	(X)	1		
鈴木 II（都道）	(X)			1
鈴木 III（B 地区）	(IX 下)	4		4
鈴木 III（D 地区）	(IX 下)			6
鈴木 IV（都道）	(IX)			3
鈴木住宅都市整備公団用地 X	X			
高井戸東	(IX 中)			2
高井戸東 X	(X)			2
高井戸東駐車場西 X	(X)		1	

　より下層に帰属する石器集中で石刃・縦長剥片素材の定形石器と二次加工剥片の割合が高くなる遺跡も認められました。

　次に、より明確な時期差を示す項目についてみていきます。まずは接合個体です（第4図）。ここで示しているのは石刃・縦長剥片の連続的な剥離が認められる接合個体です。こうした接合個体の例は各時期で確認できます。ただし、打面の作出や再生、その他さまざまな調整を駆使しているのは III 期

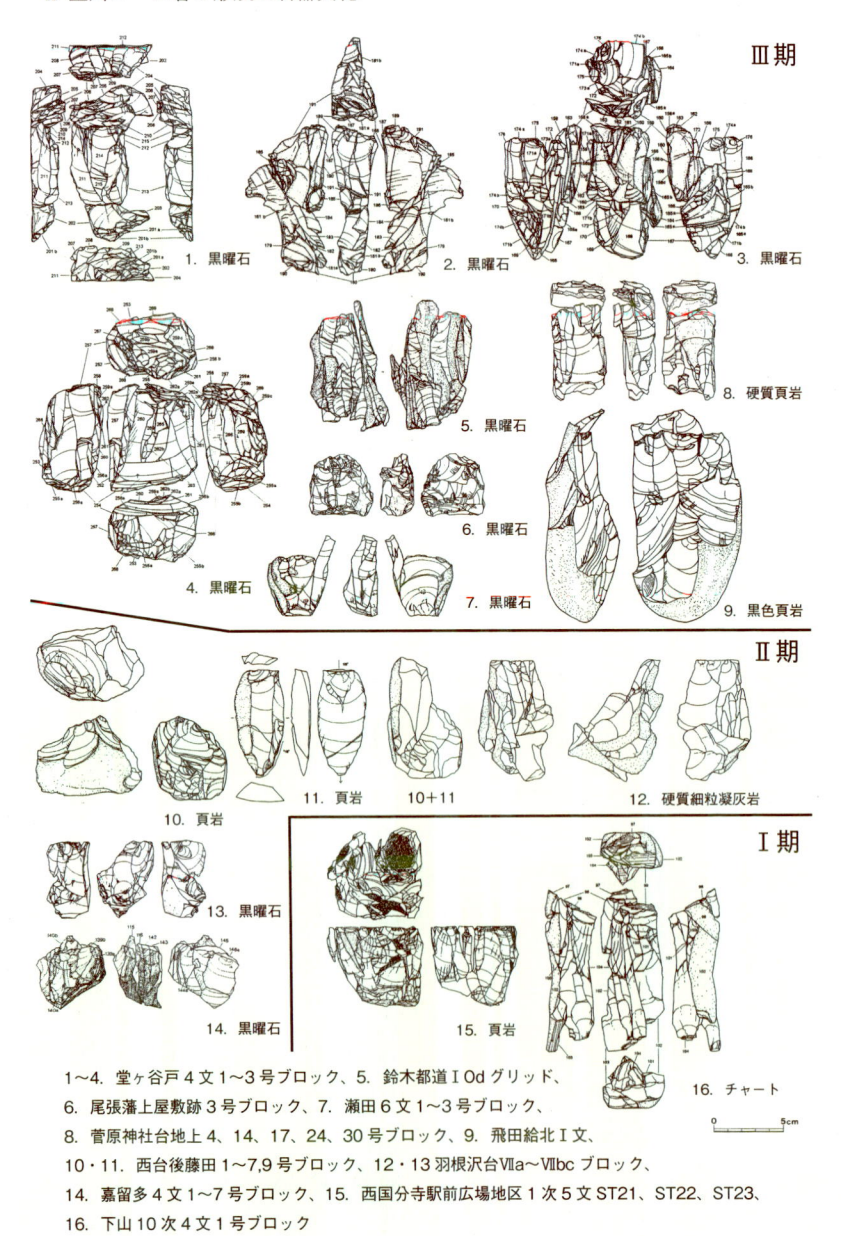

Ⅱ 立川ローム層の形成と石器文化

Ⅲ期

1. 黒曜石　2. 黒曜石　3. 黒曜石
4. 黒曜石　5. 黒曜石　6. 黒曜石　7. 黒曜石　8. 硬質頁岩　9. 黒色頁岩

Ⅱ期

10. 頁岩　11. 頁岩　10+11　12. 硬質細粒凝灰岩

Ⅰ期

13. 黒曜石　14. 黒曜石　15. 頁岩　16. チャート

0　5cm

1～4. 堂ヶ谷戸4文1～3号ブロック、5. 鈴木都道ⅠOdグリッド、
6. 尾張藩上屋敷跡3号ブロック、7. 瀬田6文1～3号ブロック、
8. 菅原神社台地上4、14、17、24、30号ブロック、9. 飛田給北Ⅰ文、
10・11. 西台後藤田1～7,9号ブロック、12・13 羽根沢台Ⅶa～Ⅶbcブロック、
14. 嘉留多4文1～7号ブロック、15. 西国分寺駅前広場地区1次5文ST21、ST22、ST23、
16. 下山10次4文1号ブロック

第4図　接合資料

のみに認められる特徴です。III期の中でもこうした接合個体がある石器集中は必ずしも多くはありませんが、I期・II期ではほとんど認められないため、こうした接合個体の有無を、ある程度排他的な時期差として捉えることができます。個別遺跡でも多くの場合、この状況を確認できます。

斧形石器については出土層位が明確な事例で「両面あるいは片面からの調整によって、中央断面が両凸レンズ形あるいは楕円形に整形された素材の一端に刃部が作られた石器」(赤澤ほか1980)という定義に合致する石器を管見の限りすべて扱いました。石器集中から出土している点数(「石器集中内」)と石器集中の外から出土している点数(「石器集中外」)、石器集中の内か外か判断できないものの点数(「出土位置詳細不明」)をそれぞれ示しました(第1表)。これを見ると斧形石器の出土層位はIX層下部よりも下にほぼ限られるということがわかります。それより上層になると出土事例が激減します。I期で斧形石器を組成にもたない石器集中も多く存在しますが、それよりも上層に帰属する石器集中では斧形石器はほとんど認められないことから、斧形石器の有無もより明確に時間差を示していると考えられます。

以上の項目から3時期区分を行いましたが、重視しているのは時期差をより明確に示すと考えられる石刃・縦長剥片の接合個体と斧形石器の出土事例です。その他の項目でもI期からIII期へかけて全体としては時期差を認めることができますが、同一時期内での遺跡間の変異が大きいとともに、個別遺跡で認められる差も全体の傾向に大きく矛盾しないといった程度であるため、これらの項目から時期区分を行うことは実際には難しいといえます。従来時期差を示すと考えられていた項目の多くは、同一時期内における遺跡間の変異幅を踏まえると、それぞれがより緩やかな時期差を示すにとどまり、明確な時期差をしめす項目は意外に少ないといえます。

おわりに

本報告では武蔵野台地における後期旧石器時代前半期石器群の層位編年研究に関する諸問題について確認するとともに、それを踏まえた再検討の方法と検討結果の概要を示しました。これらについて、今後の発掘調査及び資料

II 立川ローム層の形成と石器文化

整理で検討していただければ幸いです。

参考文献

赤澤　威・小田静夫・山中一郎 1980『日本の旧石器』立風書房

五十嵐　彰 2000「『文化層』概念の検討 ―旧石器資料報告の現状（II）―」『旧石器考古学』60　pp. 43-56

加藤晋平 1970「先土器時代の歴史性と地域性」『郷土史研究講座１考古学と地域』朝倉書店　pp. 58-92

国武貞克 1999「石材消費と石器製作、廃棄による遺跡の類別 ―行動論的理解へ向けた分析法の試み―」『考古学研究』46-3　pp. 35-55

栗原伸好 2003「相模野旧石器編年と層位」『考古学論叢　神奈河』11　pp. 195-196

相模原市立博物館編 2005『古淵B遺跡旧石器時代資料再整理調査報告書』相模原市立博物館考古資料調査報告

佐藤宏之 1992『日本旧石器文化の構造と進化』柏書房

島田和高 1996「移動生活の中の石器製作の営み ―砂川型刃器技法の再検討―」『駿台史学』98　pp. 47-74

鈴木遺跡調査団編 1978『鈴木遺跡Ⅰ』

諏訪間順 2003「相模野旧石器編年の前提」『考古学論叢　神奈河』11　pp. 151-159

石器文化研究会編 1989『石器文化研究』1

石器文化研究会編 1990『石器文化研究』2

石器文化研究会編 1991『石器文化研究』3

石器文化研究会編 1992『石器文化研究』4

野口　淳 1995「武蔵野台地Ⅳ下・Ⅴ層段階の遺跡群 ―石器製作の工程配置と連鎖の体系―」『旧石器考古学』51　pp. 19-36

野口　淳 2006「２ローム層と文化層、時期区分 ―旧石器時代研究の時間尺度についての覚え書き―」『明治大学校地内遺跡調査団　年報3（2005年度）』　pp. 69-76

比田井民子編 2001『多摩川流域の段丘形成と考古学的遺跡の立地環境』財団法人とうきゅう環境浄化財団

武蔵野台地における後期旧石器時代前半期石器群の層位編年研究に関する諸問題

比田井民子・伊藤　健・西井幸雄・野口　淳・山岡拓也・藤田健一・飯田茂雄・林　和広　2006「武蔵野台地後期旧石器時代遺跡の横断層序による研究（2）」日本旧石器学会 2006 年度総会・研究発表・シンポジウム　ポスター発表

山岡拓也　2006「武蔵野台地における後期旧石器時代前半期石器群の変遷過程」『古代文化』58-3　pp. 107-125

吉川耕太郎　1998「後期旧石器時代における石器原料の消費過程と遺跡のつながり—南関東地方立川ロームVI層段階を事例に—」『旧石器考古学』56　pp. 43-59

後期旧石器時代後半期の武蔵野編年に関する諸問題

飯田茂雄

はじめに

　後期旧石器時代の日本列島における時間的変遷を捉えようとしたとき、武蔵野台地は格好のフィールドとして、研究材料を提供してきたと言えます。台地に厚く堆積した降下火山灰である立川ローム層は、そこに包含された石器群の層位的先後関係を裏づけ、さらに遺跡間での比較を可能にしました。特に1969年に行われた野川遺跡の調査（小田・小林ほか1971）を端緒とした編年研究では、その後、野川流域の諸遺跡の層位的事例の蓄積を背景として、小田静夫氏とキーリー氏によって武蔵野編年として結実しています（小田・キーリー1973、小田1980など）。その編年研究は、相模野編年（鈴木・矢島1978、諏訪間1988など）とともに、全国編年の基準となってきました。

　「武蔵野台地」というような地理的範囲での変遷を捉える上では、「層位的先後関係」をもとに剥片剥離技術あるいは石器形態の漸移的変化を想定し、編年をより強固にする方式は有効であると考えられてきました。しかし、近年では、武蔵野台地においても台地北東部で示されたように、野川流域とは異なる立川ローム層の堆積環境、あるいは地形の形成があったことが明らかになりつつあります（野口1997など）。また、地理的・空間的に隔たれた遺跡・石器群を比較する際に、分析単位となる資料群を抽出する作業が、より慎重におこなわれる必要があるのではないかと提起されています（五十嵐1999・2000、野口2005など）。そこでまず初めに、武蔵野編年とその基礎になりました野川遺跡についてみていきたいと思います。

1. 野川遺跡と武蔵野編年

野川遺跡は、武蔵野台地の南側にあります野川右岸の立川面上に位置しており、周辺には武蔵野公園遺跡（小田・キーリー前掲）・新橋遺跡（中津ほか1977）といった、学史上著名な遺跡が数多く分布しています。

遺跡では、およそ3mにわたる立川ローム層の堆積があり、土層の観察から10層に区分されています（第1図）。こうした土層区分は、現在武蔵野台地の標準土層として広く知られているところであります。その立川ローム層からは、層位的に重なりあう石器群が出土し、計10枚の文化層が設定されています。基本的には1層序区分に対し、1文化層が設定されていますが、IV層については層序区分・文化層双方が細分されています。詳しく見ると、土層区分については、IVa層からIVc層に3区分され、そこに包含されている文化層については、IV1文化層からIV4文化層というふうに4区分されています。さらに、IV3文化層は石器組成の差異から、IV3aとIV3bとに細分され、IV層には都合5文化層が設定されています。つまりここでは、層序区分と石器文化層が一致する例と、一致しない例が示されています。特にIV層に顕著なように、両者の対応関係は当初から1対1対応ではなく、層（文化層）の細分化といった方向性を含んでいたといえます。

武蔵野編年は、こうした遺跡での層位的出土事例の蓄積によって形成されていく過程で、修正・改訂を行っていきますが（小田・キーリー1973、小田1976など）、その基本的方針は、野川遺跡例の検証という側面があったといえます。野川遺跡に続けて行われた野川流域諸遺跡の調査・報告では、野川遺跡との比較検討が行われ、武蔵野編年が補強されていきました。ただ、野川遺跡のIV層と文化層

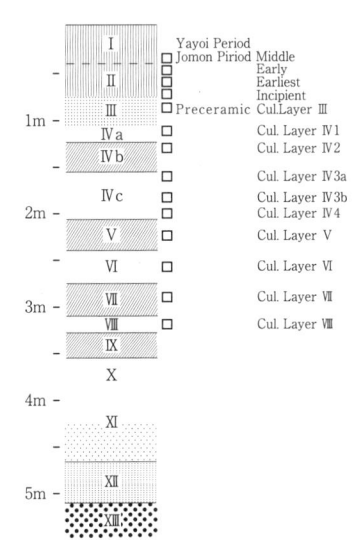

第1図　野川遺跡の層序と文化層（小林ほか1971）

II 立川ローム層の形成と石器文化

の対比でみたように、層位と石器どちらが編年を行う際に有意に働いていたかには注意が必要です。少なくとも武蔵野編年は、一遺跡での重複する文化層（層位的先後関係）によって保障された変遷観であり、それを担保していたのはローム層の層厚ということになります。

　そこで本報告では、武蔵野台地における後期旧石器時代石器群の編年、武蔵野編年の再検討をおこなうための基礎的な作業として、武蔵野台地の北東部にあります石神井川流域に分布する遺跡を取り上げてみたいと思います。

2. 武蔵野編年の概要と問題

　まず、武蔵野編年の概要です。私が今回取り上げる武蔵野編年 II 期（以下、とくに記載のない場合は武蔵野編年を指す）は、おおよそ立川ローム層の V 層上部から III 層下部にかけて出土するとされています。

　この II 期は、ナイフ形石器の製作技術上の差異から IIa 期と IIb 期というように細分がなされ（小田・キーリー前掲）、それぞれ V 層上部から IV 層中部、IV 層上部から III 層最下部に出土層位を持つとされています（小田1977）。IIb 期については、さらにナイフ形石器の型式学的検討から IIb 期前半・後半というように細分されています（坂入・伊藤・織笠1977）。そうした細分はまた、おおよそ IV 層中部と IV 層上部というように、出土層位差に還元できるだろうと指摘されました。

　このように、野川遺跡での調査においては捉えきれなかった、立川ローム層と石器文化層の対応関係は、野川流域の諸遺跡の成果―各出土層位ごとのナイフ形石器型式や、器種組成、剝片剝離技術、石材構成など―を整理することで明らかにされ、その間隙は埋められていったといえます。各遺跡での事例をつなぎ合わせ総合化する過程で、一旦「層位的事例」と認められた細別時期と細別層位との関係は、「遺跡」を越えて敷衍化していきました。こうした状況は、特に野川流域と比較して立川ローム層の堆積の薄い台地北部から東部にかけての調査・報告においては顕著だったといえます。

　しかし、本来こうした地域では、特に細分化された編年案を裏付ける「層位的事例」を蓄積することが難しく、その検証という性格をほとんど有して

いません。そのためまずは、そうした地域の実際を見ていくことで、問題点を抽出していくことにします。

3. 石神井川流域の諸遺跡

　ある特定の空間にまとまりをみせる諸遺跡は遺跡群（相模野考古学研究会 1971 など）として認識されますが、こうした見かけ上の集中は、河川という自然地理的な属性によって、何らかの有意なまとまりとしてみられてきました（稲田 1984、栗島 1987 など）。ここでは、その一例として武蔵野台地中央部を東西に流れる石神井川を取上げることにします。

　まずは、対象とする流域遺跡の立川ローム層の層厚を確認します（第 2 図）。石神井川の源流部にある鈴木遺跡（鈴木遺跡調査団 1980）においては、IV 層の層厚がおよそ 1 m 近くありますが、下流部に行くにしたがい薄くなり、最終的には 20 cm、あるいは 10 cm といった具合になっていきます。ただし、河川の右岸と左岸あるいは同一遺跡においても、地点によって IV 層の層厚にばらつきが見られる場合があり一様ではありません。遺跡の分布を見ると、源流部と石神井川中流域の富士見池周辺および石神井池周辺に集中しており、水環境との関連も指摘されています（国武 2001）。

　さて、IIb 期とされる石器群が出土している遺跡の出土層位をみてみると、そのほとんどが III 層とされているソフトローム層から出土しており、やはり野川流域の標準的な出土層位とされた IV 層とはズレがあります。よく指摘されていますけれども（荒井 1980 など）、そういった意味では出土層位の齟齬があるというように言えると思います。また、後述しますが、IIa 期の石器群は概ね V 層から IV 層の、より下位にかけて出土します。

　分布図では、従来の編年観を踏襲し、石器群の内容から IIb 期前半と後半とに区分してプロットしています。IIb 期前半の遺跡に偏在が認められ、IIb 期後半では河川流域に分散して分布しています。こうした分布状況は、武蔵野台地北部で指摘されたこととよく共通しています（野口前掲）。

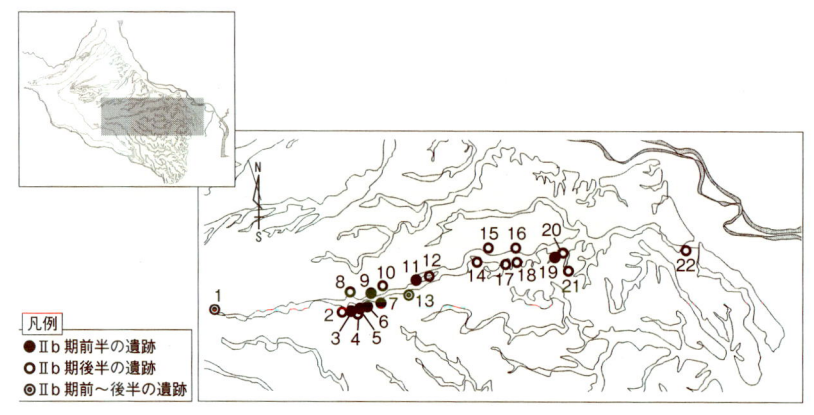

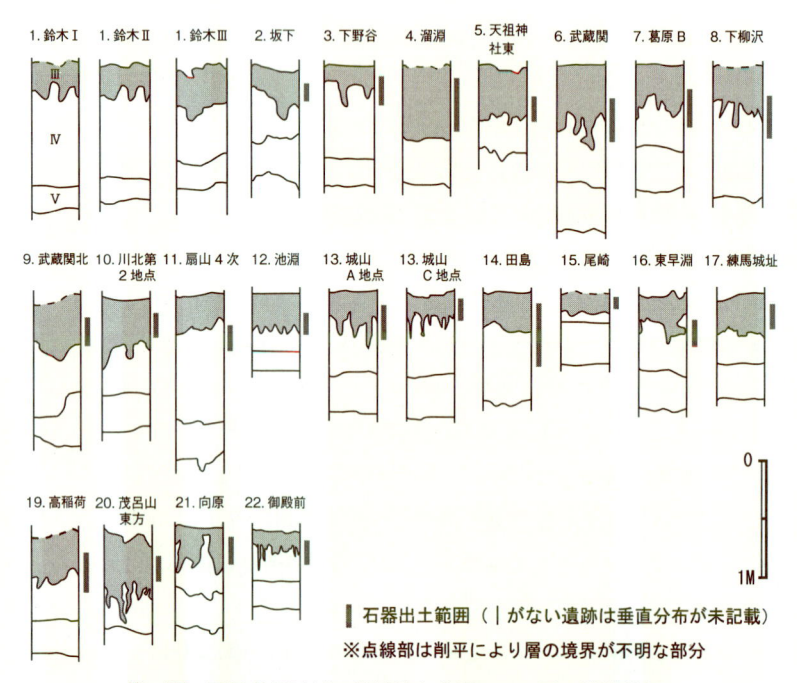

II 立川ローム層の形成と石器文化

凡例
- ●Ⅱb期前半の遺跡
- ○Ⅱb期後半の遺跡
- ◉Ⅱb期前〜後半の遺跡

1. 鈴木　2. 坂下　3. 下野谷　4. 溜淵　5. 天祖神社東　6. 武蔵関　7. 葛原B　8. 下柳沢
9. 武蔵関北　10. 川北第2地点　11. 扇山　12. 池淵4次　13. 城山　14. 田島
15. 尾崎　16. 東早淵　17. 練馬城址　18. 栗山第2地点　19. 高稲荷　20. 茂呂山東方
21. 向原　22. 御殿前

｜ 石器出土範囲（｜がない遺跡は垂直分布が未記載）
※点線部は削平により層の境界が不明な部分

第2図　石神井川流域の諸遺跡と立川ローム層の堆積状況

4. 葛原遺跡 B 地点の事例

次に、複数の石器集中部、あるいは文化層が確認されている葛原遺跡 B 地点（廣田ほか 1987）を見てみます。

葛原遺跡は石神井川の中流部にある遺跡で、先ほどの分布図の 7 になります。この遺跡では、計 3 枚の文化層が設定されており、それぞれ III 層下部、IV 層上部、IV 層下部を出土層位に持つ、第 1 文化層、第 2 文化層、第 3 文化層というようになっています。

この内、第 1 文化層と第 2 文化層がおよそ IIb 期（国武 2000 など）、IV 層下部とされている第 3 文化層が IIa 期に相当します。

分布図（第 3 図）を見ていただきますと、いくつかの石器集中部については、重複しているのが分かると思いますが、これらの帰属文化層についてはいずれも第 3 文化層と第 1 文化層、第 3 文化層と第 2 文化層というように、IV 層下部の石器群と、IV 上部・III 層下部の石器群が重なって出土している場合に区分されています。それ以外にも近接した石器集中部がありますけれども、それについては同一文化層に帰属させているというのが実際であります。報告書からは、第 1 文化層・第 2 文化層が、はっきりと有意な差をもって、層位的に区分されると認識するのは若干難しいというように思います。

いまひとつは、石器集中部の平面的な広がりをどのように区分するかということがあります。垂直方向への区分とともに、石器集中部あるいは文化層を認定する重要な問題です。

少なくとも読み取れるのは、IV 層下部の石器集中部（第 3 文化層：IIa 期）と、IV 層から III 層（第 1・2 文化層：IIb 期）とが、層位的に分離されるだろうということです（第 4 図）。

問題となるのは、こうした複数の石器集中部が出土する遺跡において、複数時期の石器集中部が残されている場合に、それらをどのようにして区分するかということにあるかと思います。例えば、石器集中部ごとの主要なナイフ形石器ですとか石材構成、あるいは剝片剝離技術といったように、いくつかの特徴を持って時期的に区分することは可能であるかもしれないし、事実区分出来ているかどうか担保のないままに遺跡の報告がなされてきました。

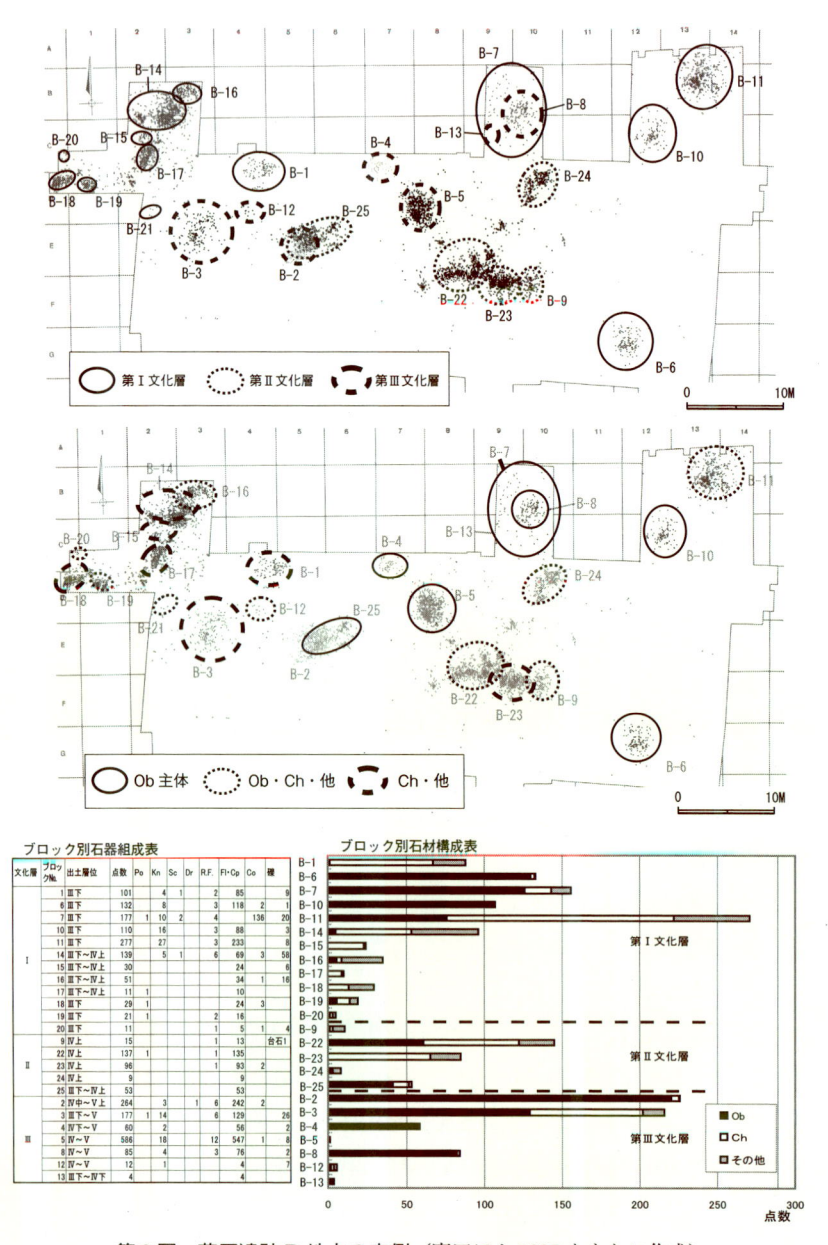

II 立川ローム層の形成と石器文化

第3図 葛原遺跡 B 地点の事例（廣田ほか 1987 をもとに作成）

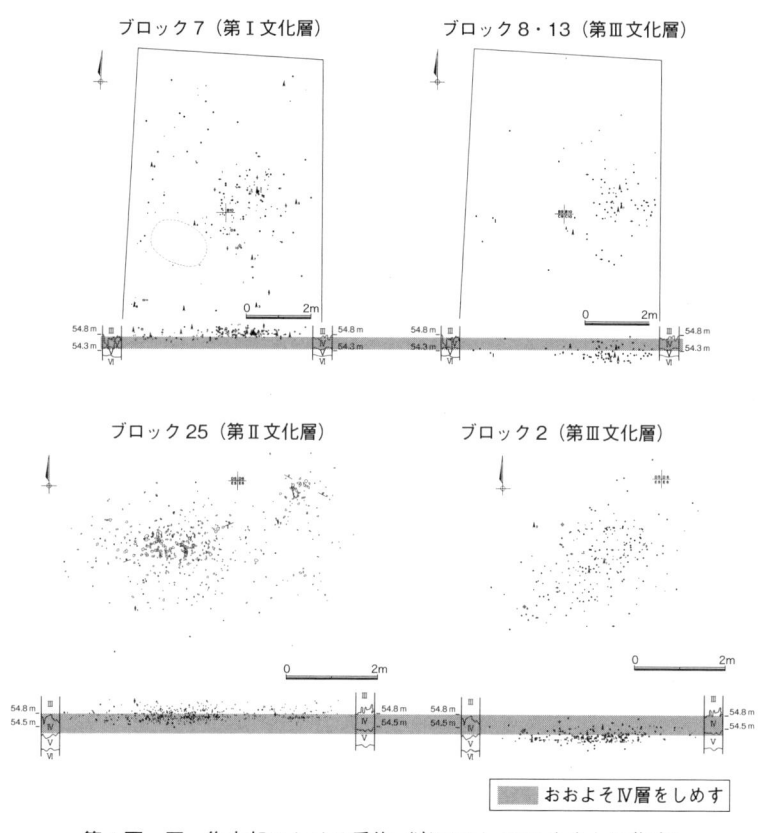

ブロック7（第Ⅰ文化層）　　　ブロック8・13（第Ⅲ文化層）

ブロック25（第Ⅱ文化層）　　　ブロック2（第Ⅲ文化層）

　　　　　　　　　　　　　　■ おおよそⅣ層をしめす

第4図　同一集中部における重複（廣田ほか1987をもとに作成）

　また、区分出来たとしても、区分されたものがどのような「単位」であるのか、それが何か分からないということがあります。問題は、区分されたものがはたして時期差であるのか、それとも遺跡における活動差、山岡さんの発表にもありましたが「遺跡間変異」（高倉1999）として認識するべきなのか、一石器集中部では判断できないということです。また、一旦区分され、報告された「文化層」や「遺跡」そのものを再検討・再区分するだけの材料が提示されていることは稀か、あるいは非常に困難であります。これは、何も石神井川流域に限ったことではなく、石器研究が本質的に抱える課題ともいえます（野口2005）。

II 立川ローム層の形成と石器文化

5. 編年研究の課題と方向性

　これまで見てきたように、石神井川流域の諸遺跡においては、IIb期相当の石器群がIII層からIV層にかけての同一層準から出土しており、各遺跡の層位的先後関係や遺跡間での比較は難しい状況にあるといえます。野川流域の事例をもとにした編年と同様の変遷をたどることが保障されない以上、検討を要するでしょう。

　ではどのようにして、時間的な問題を取り扱っていくのかということですが、一つの方向性としては、一遺跡（あるいは一文化層）の石器群を編年の単位として用いないということがあります。これは、石器集中部の空間的な広がりをどのように捉えるのかという問題と表裏の関係にあります。遺跡に残された石器群というのはあくまで、石器製作の部分でありますので、一連の石器製作過程そのものを、有機的な単位として抽出していくということがあるかと思います（安蒜・戸沢1975）。ですからまずは、遺跡・石器集中部がどのようなコンテクストの中で残されているのか、明らかにされなければなりません。ある特定範囲に分布するそれらを対象にした時間的な変化、そしてその空間的な広がりを捉えていくということになるかと思います。いわば遺跡群を対象とするような編年研究をおこなっていく必要があります。

おわりに

　後期旧石器時代の編年研究における時間区分の基準というのは、主に層位的な出土事例とそこに含まれている指標的な石器の序列化によって形作られてきました。こうした方向性は岩宿遺跡以来一貫したものといえます。今回取上げた武蔵野編年、特に後半期の遺跡・石器群においては、遺跡間の差異が顕著な場合が多く、文化層の区分や石器集中部の同時性、あるいは単位性を充分に検討することが難しいという事情がありました。そうであるから、そもそも編年の基準となる資料群を措定することが困難です。こうした問題が解決されないままに、層位的事例が蓄積され石器群の序列化がなされたとしても、それは考古学的に検証可能な仮説とはいえません。私たちは、編年をする対象が一体何であるのか、問いかける必要があります。それは武蔵野

編年や相模野編年で志向されてきた層位編年を検証するための枠組みでなければならないでしょう。

※紙幅の制約上、本文で触れた以外の遺跡報告書については割愛させていただいた。ご容赦願いたい。

参考文献

荒井幹夫 1980「第Ⅰ章 2. 各地域における研究の現状と成果 武蔵野台地東部」『神奈川考古』8 神奈川考古同人会 pp. 31-33

安蒜政雄・戸沢充則 1975「砂川遺跡」『日本の旧石器』2 雄山閣 pp. 158-179

飯田茂雄 2007「後期旧石器時代後半期における立川ローム層と石器群」『土と遺跡 時間と空間』予稿集 多摩川流域の考古学的遺跡の成立と古環境復元研究会 pp. 20-23

五十嵐彰 1999「旧石器資料報告の原料（I）—坂下遺跡の分析を通じて—」『東京考古』17 東京考古談話会 pp. 19-32

五十嵐彰 2000「「文化層概念の検討」—旧石器資料報告の現状（II）—」『旧石器考古学』60 旧石器考古談話会 pp. 43-56

稲田孝司 1984「旧石器時代武蔵野台地における石器石材の選択と入手過程」『考古学研究』30-4 考古学研究会

小田静夫 1977「第Ⅲ章 第二節 5. 編年」『新橋遺跡』I. C. U（Occasional Papers4） pp. 104-107

小田静夫・C. T. キーリー 1973『武蔵野公園遺跡I』 野川遺跡調査会 pp. 1-57

小田静夫・伊藤富治夫・C. T. キーリー 1976『前原遺跡』I. C. U.（Occasional Papers3） pp. 1-228

小田静夫 1980「武蔵野台地に於ける先土器文化」『神奈川考古』8 神奈川考古同人会 pp. 11-27

国武貞克 2001「武蔵野台地石神井川流域における砂川期の様相」『石器文化研究』8 石器文化研究会 pp. 253-270

栗島義明 1987「先土器時代における移動と遺跡形成に関する一考察」『古代文化』39-4 財団法人古代學協會 pp. 21-32

小林達夫・小田静夫・羽鳥謙三・鈴木正男 1971「野川先土器時代遺跡の研究」『第

II 立川ローム層の形成と石器文化

　四紀研究』10-4　日本第四紀学会　pp. 231-252
坂入民子・伊藤富治夫・織笠　昭 1977「高井戸東（駐車場西）遺跡」　高井戸東（駐車場西）遺跡調査会
相模野考古学研究会 1971『先土器時代遺跡分布調査報告書　相模野篇』
鈴木遺跡調査団 1980『鈴木遺跡 I』　鈴木遺跡刊行会
鈴木遺跡調査団 1980『鈴木遺跡 II』　鈴木遺跡刊行会
鈴木次郎・矢島國雄 1979「相模野台地におけるナイフ形石器終末期の様相」『神奈川考古』7　神奈川考古同人会　pp. 1-20
鈴木次郎・矢島國雄 1988「先土器時代の石器群とその編年」『日本考古学を学ぶ (1)〔新版〕』　有斐閣　pp. 154-182
諏訪間　順 1998「相模野台地における石器群の変遷について」『神奈川考古』24　神奈川考古同人会　pp. 1-30
高倉　純 1999「遺跡間変異と移動・居住移動形態復元の諸問題」『日本考古学』7　日本考古学協会　pp. 75-94
田中英二 1978「山室遺跡第 2 地点」『富士見市中央遺跡群 I』　富士見市教育委員会　pp. 1-8
中津由紀子・千浦美智子・小田静夫・J. E. キダー 1977『新橋遺跡』I. C. U（Occa-sional Papers4）　pp. 1-214
野口　淳 1997「武蔵野台地北部における旧石器時代遺跡群」『砂川旧石器時代遺跡』　所沢市教育委員会　pp. 59-65
野口　淳 2005「旧石器時代遺跡研究の枠組み ―いわゆる「遺跡構造論」の解体と再構築―」『旧石器研究』1　日本旧石器学会　pp. 17-37
野口　淳 2006「ローム層と文化層、時期区分 ―旧石器時代研究の時間尺度についての覚え書き―」『明治大学校地内遺跡調査団　年報』3　明治大学　pp. 69-76
廣田吉三郎・前田　顕・河野重義 1987『葛原遺跡 B 地点』　練馬区遺跡調査会　pp. 1-233

先土器時代の複数文化層遺跡における諸問題

藤 田 健 一

はじめに

　相対年代の決定、あるいは石器群の変化・変遷の解明に、一遺跡における複数文化層の認識は大きな役割を果たしてきました。しかし一方で、その方法論や論理過程がはらむ問題点も見え隠れします。それを明確にし、今後の展望を模索するのが、ここでの目的になります。

1. 編年研究の論理的諸問題

　まず研究史についてですが、西井さんの発表にあるので、ここで詳細には触れません。ごく大まかな流れについてだけ述べますと、まず、研究初期から資料の蓄積と並行する形で汎日本的な"示準石器による編年"（杉原編 1965 など）が組まれました。しかし、さらに事例の増加が進むと、これが限界を来すようになります。その後の、東京都野川遺跡（小林・小田・鳥羽・鈴木 1971）や神奈川県月見野遺跡群（明治大学考古学研究室・月見野遺跡群調査団編 1969）の発掘調査を契機として、一遺跡における層位的出土事例に基づいた、地域的な"層位編年"研究の展開へと移っていきます。そして現在に至るまで、層位編年は細分を繰り返し深化してきたわけです。

　この編年の深化・細分化の過程を概念的に少し詳しく見てみます。

　まず、任意の遺跡において複数の文化層に区分される"石器群"があります。この上下関係が編年研究の材料、つまり時間的先後関係となるわけです。こういった事例を積み重ねることによって"編年"は構築され、より多く、広くの物事に対する説明が可能になります。

　一方で、重複し混在する石器群を編年観が分離・区分する事例も出てくる

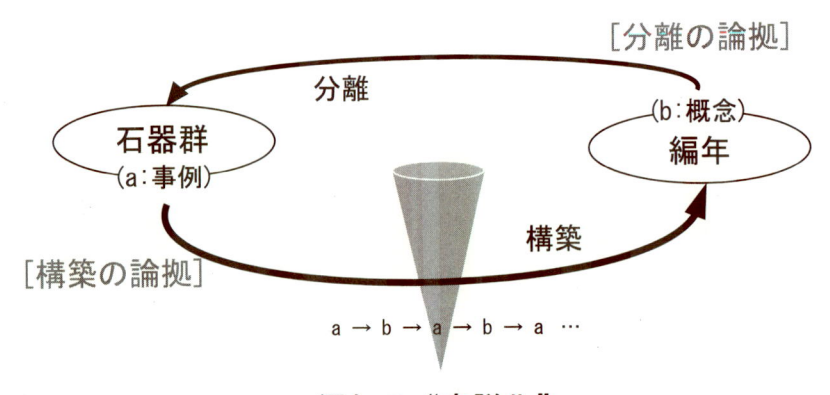

II 立川ローム層の形成と石器文化

[分離の論拠]

石器群 (a:事例) ─ 分離 → 編年 (b:概念)

[構築の論拠] ─ 構築 →

a → b → a → b → a …

編年の"定説化"

第1図 螺旋状の論理構造

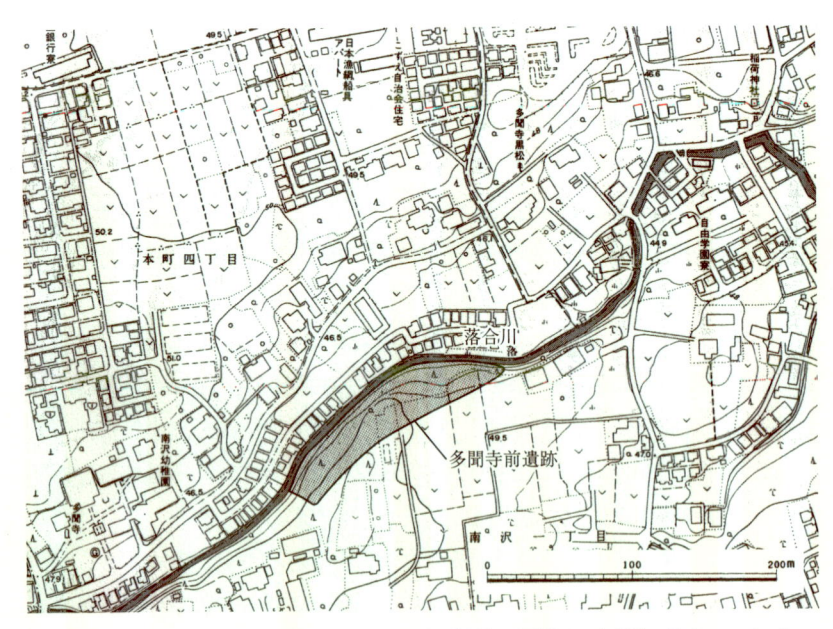

第2図 東京都東久留米市多聞寺前遺跡（以降、図版は（戸沢・鶴丸1983）をもとに作成あるいは改変した）

わけです。また例えば、単独出土の資料や、堆積状況が良好ではない場所で検出した石器群の評価が、編年観に基づいて行われることもあります。ここに、編年観が評価した石器群が、編年を構築する材料となるのです。これらは年を経て蓄積され、徐々に強固な編年を構成します。

事例と概念とが常に互いを検証する関係である限りにおいては、学問の進展という観点から非常に良好な状態であると言えます。しかしながら、互いが自らの論拠をもう一方に依存してしまうとき、これはすなわち「螺旋状の論理構造」を呈してしまうのです（第1図）。つまり、石器群が編年を構築し、編年観が石器群を分離する。そして編年観に分離された石器群は編年の論拠として、新たな石器群を評価する、ということです。

ではこの点を踏まえて、実際、報告書ではどのように、石器群が分離されるのか、具体的な遺跡を挙げて読み解いていきます。重畳する文化層を擁し、かつ遺跡の復元に足るデータが報告書に掲載されている遺跡、という観点から、東京都東久留米市の多聞寺前遺跡（戸沢・鶴丸編1983）を事例として取り上げます。

2. 東京都多聞寺前遺跡の事例

多聞寺前遺跡は武蔵野台地のほぼ真ん中に位置します。目黒川水系の落合川右岸に接した遺跡は、北側縁辺が若干傾斜しています（第2図）。

多聞寺前遺跡の石器群は、5つの時期に区分されています（第3図）。上から説明していきますと、Ⅳ上文化層はいわゆる終末期のナイフ形石器（1・2）と両面加工の尖頭器（3）を伴う一群です。次に、Ⅳ中文化層は二側縁加工のナイフ形石器（4・5）、それから角錐状石器にも似たナイフ形石器（6・7）も出土しています。両者は時間的に細分されています。Ⅳ下文化層は、「切出形石器」（8・9）が出土しています。Ⅶ文化層はナイフ形石器（10）1点の他には、示準的な石器はありません。それから、Ⅸ文化層は台形を呈するナイフ形石器（11）と、4点の打製石斧（12）が出土しています（第1表）。

では、個別に各文化層を見ていきます。まずⅣ上文化層です。報告書で

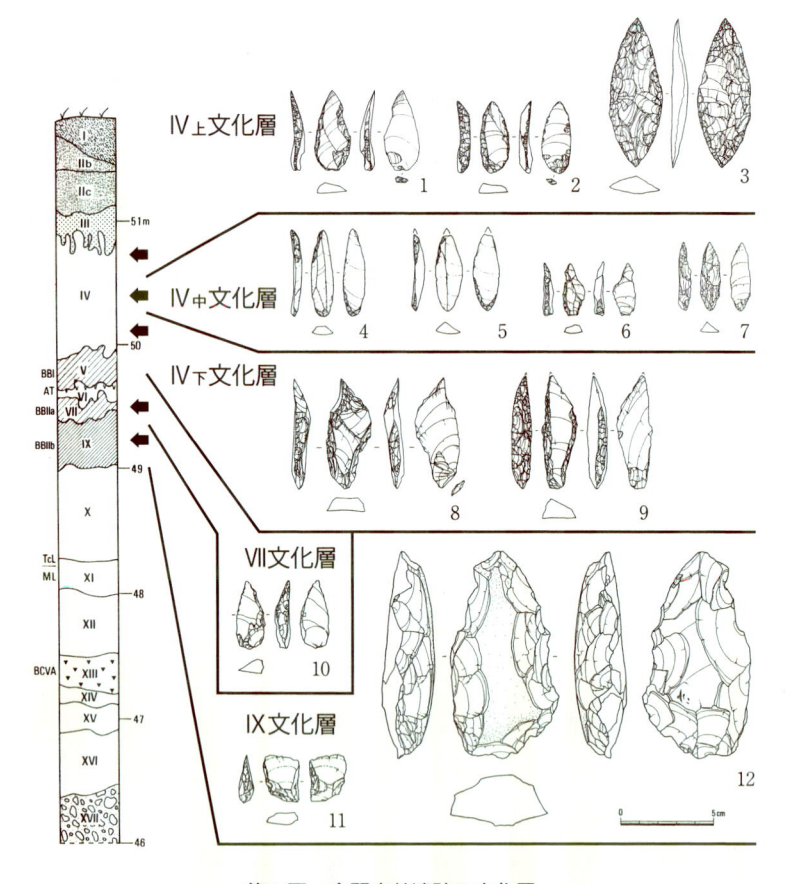

II 立川ローム層の形成と石器文化

第3図　多聞寺前遺跡の文化層

は、ナイフ形石器を伴う石器群（IV上a～fブロック）と、尖頭器を伴う石器群（IV上g～oブロック）に大別されます。垂直分布を見ていくと、終末期ナイフのブロックは、IV層の上部から中部にかけて出土のピークがくるものが多く、III層からIV層の下部まで垂直分布が及んでいるものもあります（第4図）。中には、IV層中部に安定的に分布するように読み取れるブロックもあります（第5図）。尖頭器を伴うブロックは、上下拡散の程度に差はあるものの、集中のピークは概ねIII層とIV層の境（波状帯）付近です。礫群の大多数は、波状帯付近に安定した面をもっています（第9図）。

先土器時代の複数文化層遺跡における諸問題

第1表　多聞寺前遺跡の先土器時代の遺物

		石器点数	礫点数	ブロック	礫群	配石
IV上文化層		7582点	387点	15基	6基	13基
IV中文化層	(IV中1)	562点	484点	12基	5基	4基
	(IV中2)					
IV下文化層		40点	272点	2基	3基	0
VII文化層		349点	525点	7基	5基	3基
IX文化層		589点	303点	18基	0	0

　次に、IV中文化層です。報告書ではいわゆる"石器の顔付き"から、ふたつの時期に細分しています。「IV中1」は、「IV上層的」という説明がありますが、これは砂川期のナイフ形石器を伴う一群です（第3図4・5）。一方の「IV中2」は「IV下層的」とあるように、IV下・V層段階の石器群です（第3図6・7）。では、同様に垂直分布を見ていきましょう。「IV中1」のブロックはIV層の真ん中辺りにピークをもち、上下に広く拡散しています（第6図）。「IV中2」は波状帯直下に集中するブロックもありますが（第7図）、概ね「IV中1」と同様の傾向を示します。報告書で触れられている通り、「IV中1」と「IV中2」の出土遺物の垂直分布の傾向に、上下差は認められません。礫群の多くは、IV層のほぼ真ん中に安定した面を持ちます（第10図）。一方、配石はいずれも波状帯の直下に位置しています（第11図）。

　次はIV下文化層です。先に触れた「切出形石器」（第3図8・9）は単独出土です。遺物集中の大半は川沿いの斜面部に位置しています。IV下aブロックは概ねIV層の下部で安定して出土していますが、IV下bブロックは垂直分布図からはIV層よりも下位に分布しているように読み取れます（第8図）。礫群は、安定した面を成しています。しかし、添えられた土層図からは付近のIV層が比較的薄いことがわかります（報告書第176図参照）。同じくIV下b（第12図）・c礫群では、III層とV層が接しており、斜面部の堆積状況が良好ではないことが読み取れます。

87

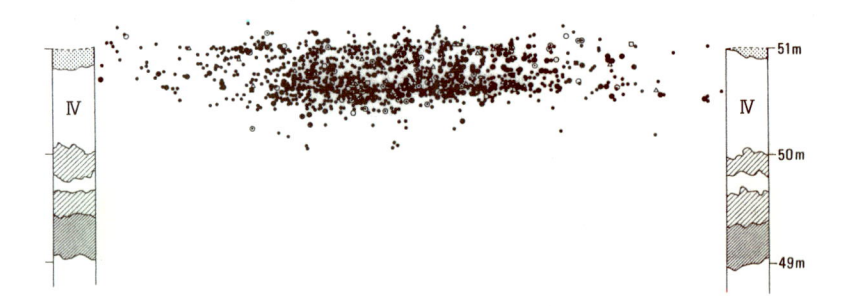

II 立川ローム層の形成と石器文化

第4図　IV上aブロック垂直分布図（S=1/70）

第5図　IV上eブロック垂直分布図（S=1/70）

第6図　IV中fブロック垂直分布図（S=1/70）

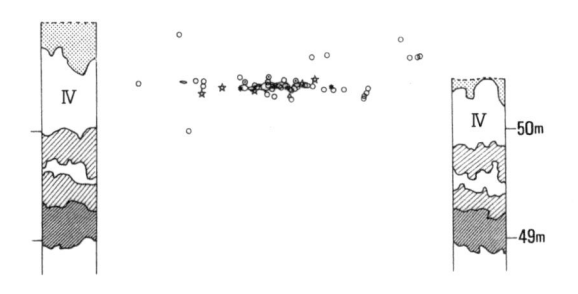

先土器時代の複数文化層遺跡における諸問題

第7図　IV中hブロック垂直分布図（S=1/70）

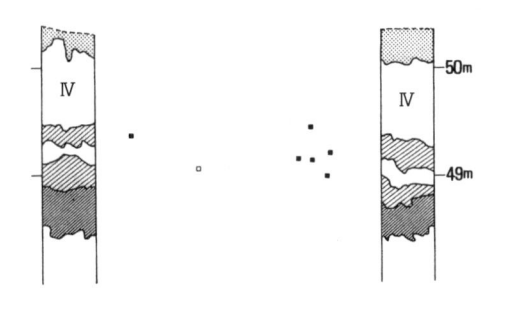

第8図　IV下bブロック垂直分布図（S=1/70）

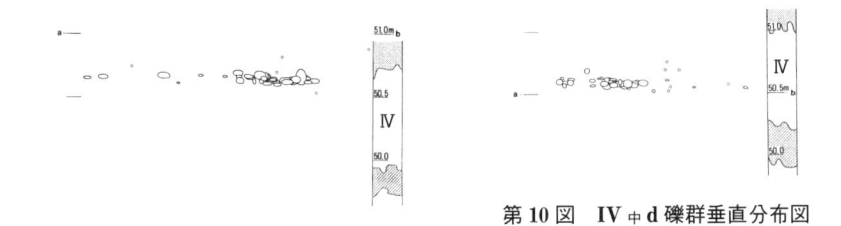

第9図　IV上b礫群垂直分布図（S=1/60）

第10図　IV中d礫群垂直分布図（S=1/60）

3. IV層出土石器群の細分の問題

　ここで、IV層の文化層分離に関する問題点についてまとめておきます。

　まず、IV上文化層とIV中文化層のブロックを比較すると、一部に明確な上下差が見出せないものがあります（第4～7図参照）。

　礫群・配石については、IV上文化層の礫群は波状帯の直下に、IV中文化層

89

Ⅱ 立川ローム層の形成と石器文化

の礫群はⅣ層の真ん中あたり、配石は波状帯直下に位置しています（第9～11図）。Ⅳ下文化層の礫群は堆積状況が良好とは言えず（第12図）、その位置付けに疑問が残ります。

　ブロックと礫群・配石双方の、垂直分布を比較すると、Ⅳ層の３つの文化層は、明確な区分の困難な部分があります。Ⅳ上文化層とⅣ中文化層との間には接合関係が認められるといい、研究の前提条件としての単位、文化層の再考も必要かと思います。

　さて、Ⅳ中文化層は"石器の顔付き"を論拠として、複数の時間的単位が同一レベルに設定されている、と先に触れました。この点について報告書では「出土層位をもって一律に石器群の時間的前後関係を決定することの危険性を示す好例」（報告書 p. 166、l. 6）であると強調します。しかしながら一方で、Ⅳ上文化層ではナイフ形石器と尖頭器の時間差を示唆するに留まり、時期の細分はされません。ややチグハグさが窺えます。

　それから、Ⅳ下文化層の位置付けですが、斜面部に位置する関係から、堆積が安定的ではないことが読み取れます。ブロックや礫群の位置付けは難しいところです。また、単独出土の切出形石器を含みこませた評価についても同様です。

　これら一連のⅣ層の文化層分離、時期細分や資料の位置付けは、出土状況よりもいわば編年観に強く支持されたものといえます。もちろん一連の資料操作は、ひとつの解釈としては今なお有効である、と私は考えます。しかし逆に、これらは従来の編年観を検証する良い材料とも言えるのではないでしょうか。

4. Ⅶ・Ⅸ層に見る遺物垂直分布の差異

　このようにⅣ層の細分を困難にした背景には、一因として遺物の上下拡散の問題もあると思います。つまり、ブロックごとに遺物の上下拡散状況が違うからこそ、明瞭に区分が出来ないのです。この点に注目して具体的にⅦ層とⅨ層の遺物分布を見てみると、対称的な在り方を示します。

　まずⅦ文化層は、平面分布は散漫ですが、垂直分布は概ねⅦ層で安定

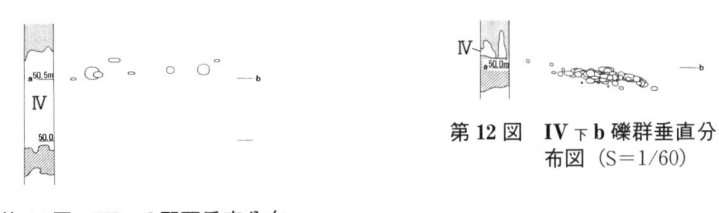

先土器時代の複数文化層遺跡における諸問題

第11図　IV中d配石垂直分布図（S＝1/60）

第12図　IV下b礫群垂直分布図（S＝1/60）

第13図　VIIa-fブロック垂直分布図（S＝1/125）

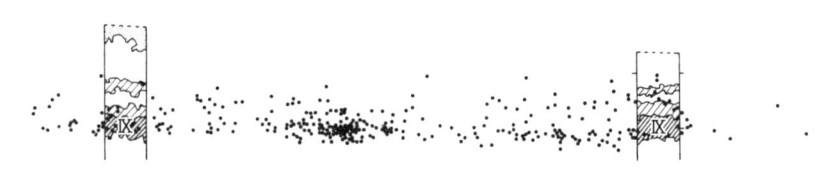

第14図　IXh-oブロック垂直分布図（S＝1/125）

しているように読み取れます（第13図）。

　一方のIX文化層は平面的にも垂直的にも非常に散漫な傾向を示します（第14図）。安定的な垂直分布は見られず、IX層よりも上に多くのドットがあります。

　つまり、平面的には散漫な両石器群ですが、その垂直分布は、VII層は安定的、IX層は散漫な傾向を示しています。

　ここにひとつの視点を提起するならば、遺物の在り方に対する疑問です。すなわち、「何故そのように在るのか」と我々は問うていかなければならないのです。具体的に遺物の上下拡散のメカニズムを解明するということは非常に重要なことです。そうすることで遺物の外的属性の評価、すなわち位置座標、遺物分布の解釈に関する、より意義ある議論に踏み込めるのです。こ

91

II 立川ローム層の形成と石器文化

の際にはもちろん、旧地形の微細な起伏なども考慮した慎重な遺物群の層位的位置付けを行う必要があります。

最後に、発掘調査におけるジオアーケオロジー調査の実践例として野口さんと林さんの報告を紹介します（野口・林2006）。報告では、遺跡形成過程における文化的過程と自然的過程の認識の必要性が強調されます。つまり遺物の分布状況は、人類の活動を示すとともに、そこには自然営力の変形、破壊を受けている可能性があるのです。このことを充分に考慮しなければなりません。また遺物の上下拡散の要因について、従来言われている遺物の表面積や重量のみならず、土壌堆積層の自然形成過程や変形過程等の影響をも受ける可能性を、具体的に指摘しています。

おわりに

日々、更新される研究成果は研究者の認識を改め、同時に新たな問題を提起します。問題を乗り越えるための新たな方法論は、増加の一途をたどる新たな資料群においてしばしば運用されますが、既存の成果は既成事実としてただ在るのみです。しかし今一度、研究の前提条件たる成果や資料操作を新たな視点から検証することも、学問の重要な仕事です。

多角的な視点から「遺跡構造論」の展開を試みた多聞寺前遺跡の報告書の成果が重要であることは、紛れのない事実です。すでに行われたこの"実験"を未来に向けて如何に焼き直すか、先学の恩恵にあずかる我々の義務ではないでしょうか。

引用・参考文献

小林達雄・小田静夫・鳥羽謙三・鈴木正男 1971「野川先土器時代遺跡の研究」『第四紀研究』10-4 日本第四紀学会

杉原荘介編 1965『日本の考古学I 先土器時代』 河出書房

戸沢充則・鶴丸俊明編 1983『多聞寺前遺跡』II 多聞寺前遺跡調査会

野口 淳・林 和広 2006「明治大学調布付属校用地の遺跡（仮称）における遺跡形成過程の研究 ―ジオアーケオロジー調査方法の確立に向けて―」『明治大学校

地内遺跡調査団年報』3　明治大学校地内遺跡調査団
明治大学考古学研究室・月見野遺跡群調査団編 1969『概報　月見野遺跡群』　明治大学考古学研究室・月見野遺跡群調査団

北関東地方における岩宿時代の層位と文化層

小 菅 将 夫

はじめに

　南関東地方のローム層を形成している火山灰の供給源となる主な火山は、富士山ですが、北関東地方の場合、そのローム層を形成する火山灰を供給する火山は複数あります。こうした基本的な条件から、単に南と北というだけではなくて、堆積しているローム層の形成過程やその性状が相当異なっていると考えられます。

　さらにローム層の話をするにあたって、南関東地方では立川ローム、武蔵野ローム、下末吉ローム、多摩ロームと大区分されていますが、その区分と北関東地方のローム層の大区分法には、名称やその区分基準が一致していません。群馬県では上部ローム、中部ローム、下部ロームという区分であり、栃木県では宝積寺ローム、宝木ローム、田原ロームというという区分名称を使っています。それらの上部と中部ローム、あるいは田原ロームと宝木ロームの境界は暗色帯で、その暗色帯は下位のローム層に属するとされています。北関東地方の地質学的な区分と南関東地方の区分に、齟齬があるのです。これから岩宿時代全体の文化層について話しますが、南関東地方と合致させるためにも、ここでは赤城山起源の鹿沼軽石層より上位のローム層や石器群について述べることとします。

1. 北関東地方の火山灰とローム層

　まず、北関東地方の火山灰とローム層について述べていきます。上述のように複数の火山から火山灰が供給されているという特徴がありますが、その火山には浅間山、榛名山、赤城山、そして男体山があります。その火山灰と

北関東地方における岩宿時代の層位と文化層

ローム層の説明に先立って、その形成の基本的なあり方について述べておきましょう。火山灰層は、その給源の火山に、近ければ近いほど、純粋な火山灰、そのままのテフラが厚く堆積します。そして供給源から離れれば離れるほど、あるいはその降下軸からから離れるほど、堆積は薄く土壌化が進む状態になります。北関東地方ではそれが複雑な様相となっていますが、どんな火山灰があるのか上位から順に簡単に説明します。

北関東地方の基本となる火山灰の分布が知られる群馬県を中心に述べたいと思います。

名　　称	略　　称	給源火山	噴出年代
浅間―草津黄色軽石	As-YPk	浅間山	1.1～1.2万年前
浅間―板鼻黄色軽石	As-YP	浅間山	1.3～1.4万年前
浅間―白糸軽石	As-SP	浅間山	1.5万年前
浅間―板鼻褐色軽石群	As-BPグループ	浅間山	1.6～2万年前
姶良 Tn 火山灰―(表2)	――	――	――
八ヶ岳新期第Ⅳ軽石	YPm-Ⅳ	八ヶ岳	2.5万年前
赤城―小沼ラピリ	Ag-KLP	赤城山	2.5万年前
榛名―八崎火山灰	Hr-HA	榛名山	2.5～3万年前
赤城―鹿沼軽石	Ag-KP	赤城山	3.1～3.2万年前
榛名―八崎軽石	Hr-HP	榛名山	4～4.4万年前

第1図　群馬県の主要火山灰とその年代（早田 1990 を改変）

ローム層の最上位には、浅間山起源の浅間―板鼻黄色軽石（As-YP）と草津軽石（As-YPK）もあるということですが、板鼻黄色軽石が代表的なものです。板鼻黄色軽石の下位には白糸軽石（As-SP）がありますが、第1図の層位模式図（早田 1990）はややデータが古く、ここには掲載されていませんが、この上位に浅間―大窪沢第1・2軽石（As-Ok1・2）という二つの火山灰があります。その下位には、浅間―板鼻褐色軽石群（As-BPグループ）がかなりの層厚をもって堆積しています。この火山灰の実体は、一つの層の火山灰ではなく、複数の火山灰層を総称しているものです。供給源の浅間山に近い群馬県西部では7枚ほどの火山灰と認識されていますが、群馬県東部では、その区別が出来ないという情況です。そのうちの最下位の火山灰は、当初褐色軽石群の中に含まれていましたが、最近では浅間―室田軽石（As-MP）と呼んで

95

Ⅱ 立川ローム層の形成と石器文化

区分されています。

　その直下には、姶良 Tn 火山灰（AT）が降下している層があり、さらにその下位に暗色帯が堆積しています。暗色帯と姶良 Tn 火山灰の層位的な関係は、暗色帯の最上部あるいは暗色帯の直上に姶良 Tn 火山灰が降下していることが、多くの遺跡での火山灰分析よって明らかになっています。暗色帯の下位にさらに黄褐色ローム層があって、鹿沼軽石（Ag-KP）層に至るという層序が北南東地方の代表的なローム層です。

　単純に述べましたが、栃木県中部から北部ではローム層の最上部、縄文時代の土層との境界に、男体山起源の火山灰である男体―七本桜（Nt-S）と今市軽石（Nt-I）と呼ばれる火山灰が降下しています。そして、板鼻褐色軽石群の上位に同じ男体山起源の男体―片岡・小川スコリア（Nt-Kt・Og）が降下しています。そのように、栃木県中部から北部には、地域的に特色ある火山灰が降下しています。

　このような状況をまとめた第2図（橋本2002）をみると、各火山の火山灰ごとに降下した軸方向が異なっているのがわかります。北関東地方では、これまで述べたような各火山灰が降下した状況が、非常に複雑な様相を呈しています。この地域内を細分化した小地域の中で、さらに各火山灰を同定して研究を進めないと理解しにくいのが北関東地方の現状です。

　第3図は、北関東地方における姶良 Tn 火山灰降下以降のローム層の厚さを示しています。この図は『アーバンクボタ』No.21（上杉ほか1983）に基づいた橋本勝雄氏による図ですが、単純には、ローム層上部に浅間山の起源とする火山灰が多いので、浅間山を厚さの中心とした等厚曲線が引かれています。また、中央北部には男体山を中心とした等厚線が描かれ、南東部に層位の薄い地域があります。全体の火山灰は、各火山から東方に降下していますので当然西高東低となりますが、北関東地方の南側は非常に火山灰の薄い地域となっています。

　これから述べる石器群が包含されている鹿沼軽石層あるいは相当層より上位の層厚を簡単に比較しますと、群馬県西部では約4m、中部では3m、東部では1.5mで、栃木県南部では1.2mから1m、そして茨城県では1mほ

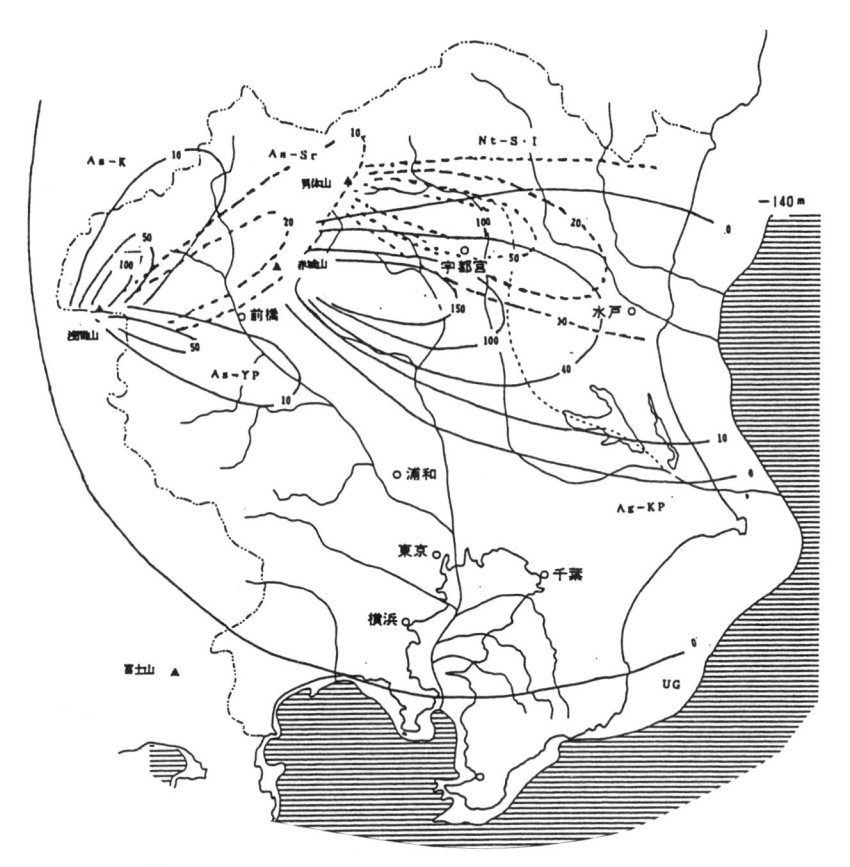

北関東地方における岩宿時代の層位と文化層

第2図　北関東地方の主要火山灰の降下状況（橋本 2002）[1]

どの層厚の状況を、概略として捉えることができます。さらに詳しくみると、群馬県の北部では厚さが1m位と薄く、逆に栃木県北部の男体山東方の中部から北部の地域では、場所によっては約4mの層位を有するというように、小地域における変異があるといえます（第4～6図）。

2. 石器群の時期区分とその出土層位

　さて、岩宿時代の時期区分と石器群の出土層位について述べたいと思いますが、筆者は岩宿時代の全体像を、I期、II期、III期、IV期、V期という

97

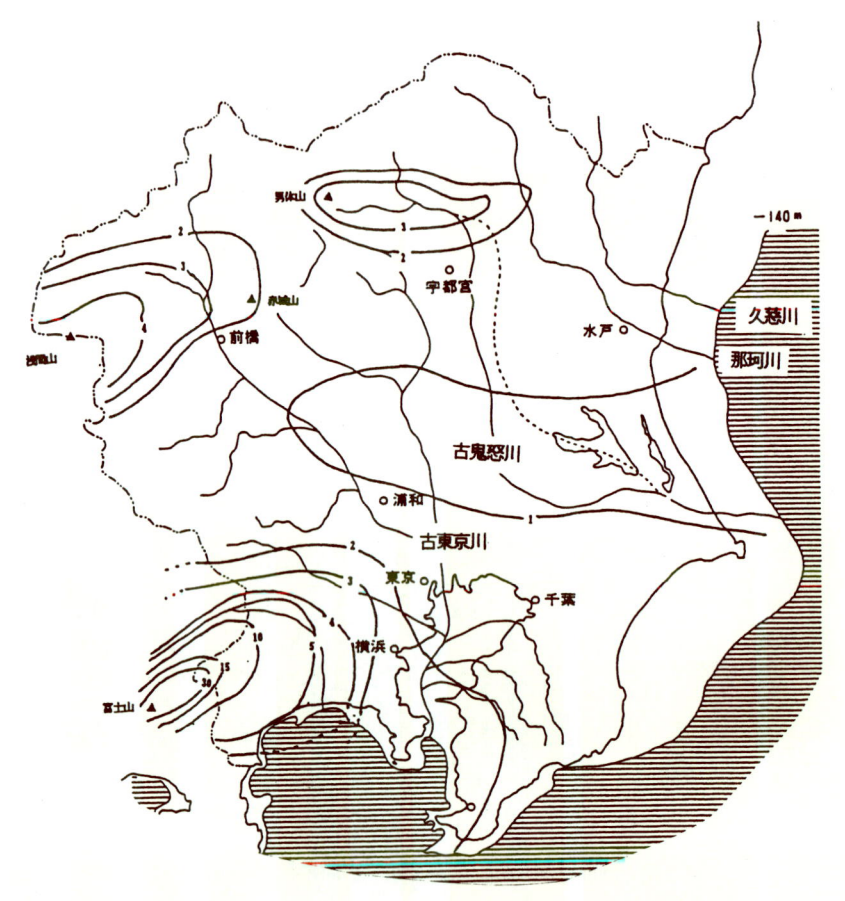

Ⅱ 立川ローム層の形成と石器文化

第3図　北関東地方における姶良 Tn 火山灰降下以降のローム層厚（橋本 2002）[2]

ように区分（小菅1999）しています。Ⅰ期は藪塚系ナイフ形石器と杉久保系ナイフ形石器があり、斧形石器が伴う時期です。Ⅱ期は基部加工の杉久保系ナイフ形石器もありますが、基本的には二側縁加工の茂呂系ナイフ形石器が発達する時期です。Ⅲ期は、切出系ナイフ形石器、あるいは国府系ナイフ形石器があって、角錐状石器が発達する時期です。Ⅳ期には、茂呂系ナイフ形石器が再び発達する「砂川期」といわれる時期と槍先形尖頭器が発達する時期があり、より新しい時期の槍先形尖頭器はその後も継続している可能

性があります。Ⅴ期は細石器が発達する時期です。

それでは、北関東地方のⅠ期の石器群について述べていきます（第7図）。Ⅰ期の下段は群馬県岩宿遺跡の岩宿Ⅰ石器文化を中心に示しています。杉久保系ナイフ形石器と図示されていませんが、藪塚系ナイフ形石器があり、斧形石器が組成に加わります。中段は栃木県上林遺跡を代表として示される時期です。杉久保系ナイフ石器がありますが、この時期になりますと、茂呂系ナイフ形石器も含まれるようになってきます。同時期には、群馬県三和工業団地Ⅰ遺跡も

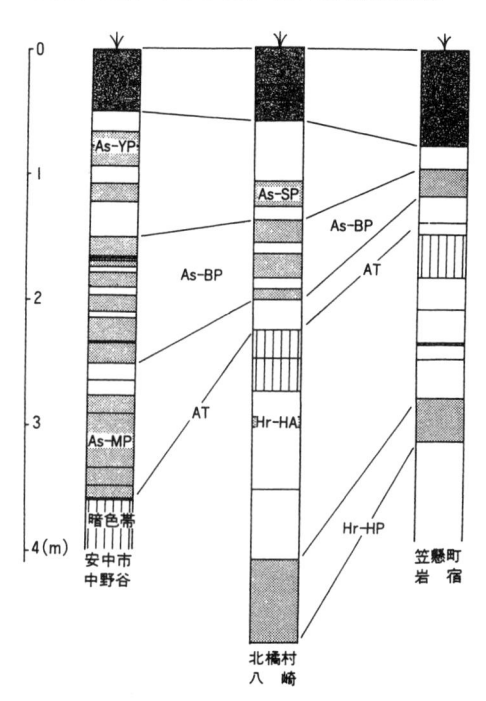

第4図　群馬県内のローム層序（笠懸野岩宿文化資料館 1993）

あります。杉久保系ナイフ形石器、茂呂系ナイフ形石器、それと藪塚系ナイフ形石器があり、斧形石器も含まれています。

これらの石器群の出土層位についてですが、岩宿Ⅰ石器文化ではその斧形石器が暗色帯のかなり下部から出土しています。このⅠ期の最古の部分につきましては、昨年の2006年秋に岩宿フォーラムで立川ローム層の最下部の石器群について議論した中で、この時期の編年について述べましたが（小菅2006）、Ⅰa期段階、いわゆるXb層段階といわれる最古の段階はどうでしょうか。北関東地方では、暗色帯下位のローム層から、栃木県寺野遺跡第Ⅰ文化層の石器群などが検出されています。しかし明瞭な形態の石器が伴う石器群は明らかになっていません。私自身の考えでは、暗色帯の下位のローム層まで少なくともⅠ期の石器群が包含され、Ⅰ期の文化層であると考えていま

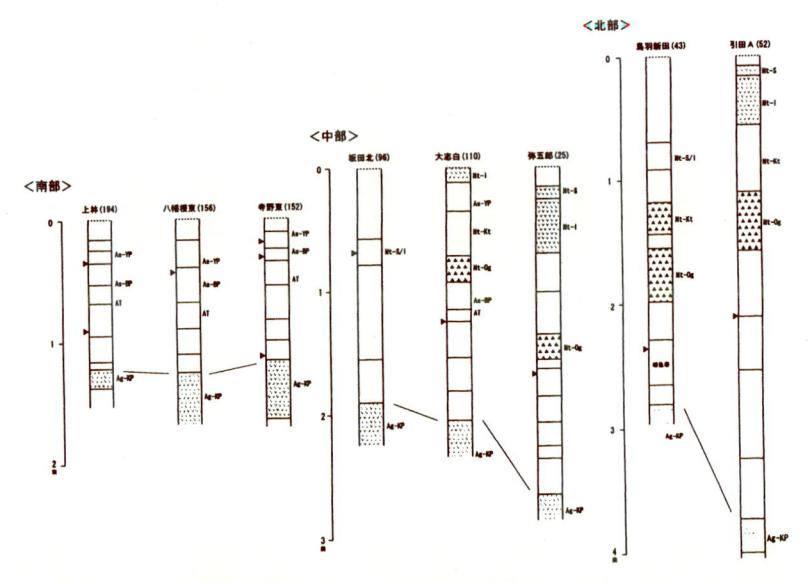

II 立川ローム層の形成と石器文化

第5図　栃木県内のローム層序（森嶋2002を改変）

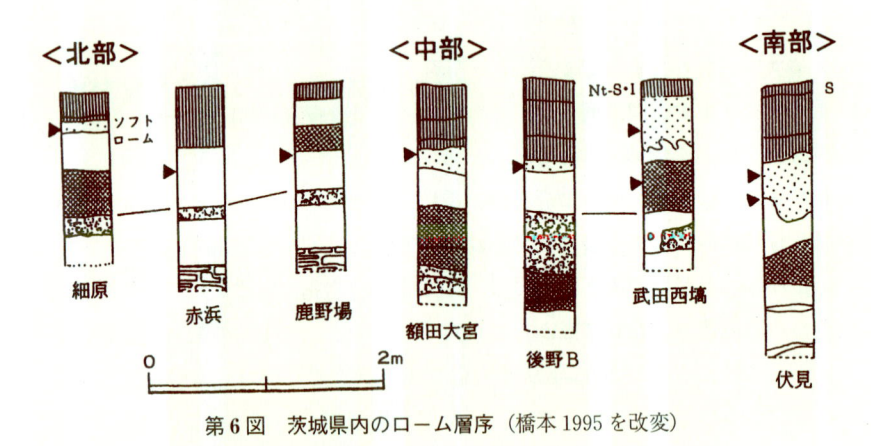

第6図　茨城県内のローム層序（橋本1995を改変）

　す。以上のことを考えると、I期の石器群は、暗色帯の下位のローム層から暗色帯上部までが石器群の出土層準と考えられます。
　続きましてII期の石器群ですが、前半は大形のナイフ形石器が多く、基部加工の杉久保系ナイフ形石器とともに茂呂系ナイフ形石器が発達する時期

100

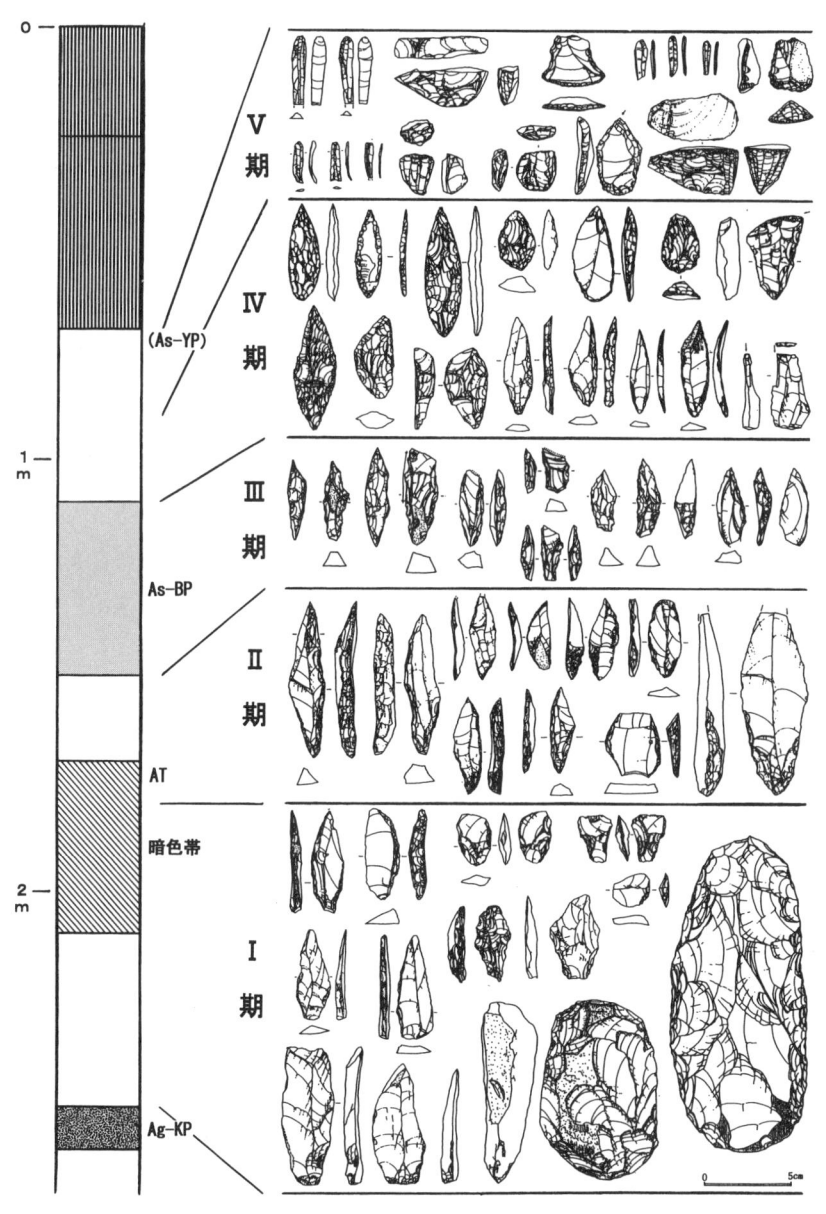

北関東地方における岩宿時代の層位と文化層

第7図　北関東のローム層と文化層

II 立川ローム層の形成と石器文化

で、群馬県後田遺跡を代表としています。後半は南関東地方でいうⅥ層段階で、ナイフ形石器が小形化する段階ですが、群馬県堀越甲真木B遺跡がその代表です。

　これらの出土層位については、Ⅱ期の前半、後半と区分しているものの、層位的には暗色帯の最上部から姶良Tn火山灰に相当する層がほとんどの石器群の出土層準となっています。その後半期のうち、群馬県多胡蛇黒遺跡では、その第2文化層は姶良Tn火山灰の直上の石器群です。さらにこの多胡蛇黒遺跡のもう一枚上の第1文化層では、室田軽石の上位から同様な石刃を主体とする石器群が出土しています。従いましてⅡ期の石器群は暗色帯の上部から姶良Tn火山灰層の上、室田軽石の上位までが石器群の包含層、あるいは文化層であると考えています。

　次はⅢ期ですが、代表的な石器群は岩宿Ⅱ石器文化と栃木県寺野東遺跡第Ⅱ文化層です。切出系ナイフ形石器を中心として角錐状石器が含まれていますが、寺野東遺跡では国府系ナイフ形石器が検出されています。

　Ⅲ期の石器群の出土層位は、群馬県内の火山灰が明瞭な遺跡として群馬県中部、現渋川市で旧北橘村の北町遺跡があります。その遺跡では浅間―板鼻褐色軽石群の間層から石器群が発見されていますが、板鼻褐色軽石群が6枚の純層で確認されており、その上から4枚目と5枚目の間から石器群が出土しています。それ以外では、寺野東遺跡では浅間―褐色軽石群を含むローム層の下位から出土しており、茨城県常陸伏見遺跡ではソフトローム最下部と言われています。北関東地方では、東方へ行くほど層位は薄く、火山灰層がわかりにくくなってしまいます。このうちの寺野東遺跡の層位をみてみると、姶良Tn火山灰よりかなり上位に板鼻褐色軽石群が位置していますが、その層位関係には問題があるだろうと考えています。ところで、最近話題になっています渋川市の上白井西伊熊遺跡では、国府系ナイフ形石器とともに瀬戸内技法の接合例が多数発見されましたが、この石器群も褐色軽石群と関連するローム層から発見されています。石器群の下位には礫層がありますので、層位的には明瞭に区分できる地域ですが、実際にはどの層にあたるのかは判然としないようです。いずれにしても、北関東地方のⅢ期は、板鼻褐

色軽石群と関連するローム層に出土層位があると考えられます。
　次は、Ⅳ期の石器群ですが、群馬県では前半期の石器群では岩宿Ⅱ遺跡、後半期では武井遺跡が代表となる石器群です。
　これらの石器群は浅間―板鼻褐色軽石群の上位のローム層から検出されています。これらの2つの石器群は今のところ層位的に区分できていません。基本的に群馬県では両者は浅間―板鼻褐色軽石群が混入するローム層、あるいはその上位のローム層に出土層位があると考えています。なお、栃木県や茨城県では、ローム層最上部のソフト化したローム層から発見されるのが通常であるようです。
　最後は細石器文化の石器群ですが、北関東地方では3つの細石器石器群があります。円錐形の細石核を有する石器群、船底形、いわゆるホロカ型の細石核を有する石器群、それから削片系の細石器石器群がこれにあたります。
　この中で円錐形細石核を有する石器群については、群馬県前橋市の市之関前田遺跡で、浅間―板鼻黄色軽石の下位の浅間―大窪沢軽石第1・第2軽石が混ざるローム層の中から出土しています。それ以外の群馬県内の遺跡では、浅間―板鼻黄色軽石の下位のローム層の最上部であること以外、細石器石器群の中では区分できる遺跡は今のところありません。東方の栃木県や茨城県はすべてソフトローム上部で、層位的な区分は不可能です。市之関前田遺跡は、円錐形細石核を有する石器群ですが、他の石器群に比べて下位であるという層位的な事実から円錐形を有する石器群はやや古く、そして他の2者、すなわちホロカ型の船底形細石核と削片系細石核をもつグループがそれよりも後出であろうと考えられています。その後2者の関係については、様々な意見がありますが、現状では層位的には不明な状況であるといえます。
　ところで、数年前に発掘調査された馬見岡遺跡では、円錐形の細石核と削片系の削片が共伴して出土した状況があります。まだこれらの細石器石器群相互の関係には再考の余地があるといえるようです。
　Ⅴ期を編年の全体像と層位的な問題からみると、縄文時代草創期の大形石槍の段階が、浅間―板鼻黄色軽石にからみ、その直上であることが、渋川市房谷戸遺跡で判明していますので、層位的な上限は押さえられると考えられ

Ⅱ 立川ローム層の形成と石器文化

ます。

　第7図に岩宿遺跡での層位に対応したⅠ～Ⅴ期の全体像をまとめました。Ⅰ期は鹿沼軽石の上位のローム層から暗色帯上位まで、そしてⅡ期が暗色帯からその上の姶良Tn火山灰層準をまたぎ、その上のローム層まで、Ⅲ期が浅間―板鼻褐色軽石群が降下した時期のローム層にほぼ対応し、Ⅳ期がその上のローム層で、最後にⅤ期の細石器文化は、ローム層の最上部というローム層と文化層との対応が考えられます。

3. まとめ

　北関東地方の若干のまとめをしておきます。これまで述べたように、北関東地方では、火山灰層の非常に複雑な状況がありますので、小地域での火山灰とローム層序を掌握ないと、石器群の文化層対比が難しいといえます。さらに当然それら火山灰の土壌化の問題があり、個別火山灰と個々の石器群の対応が不明瞭な石器群がかなり多いということです。層位と文化層の対応が完全ではないので、各段階の細部では詳細なことが解り難く、今後さらに検討が必要であると考えています。

　それから、もう一つ問題点となるのは、火山灰の堆積状況の問題で、純層と捉えられる地域で、その火山灰層との関係が明確に対応できる石器群と、土壌化されたローム層が堆積した状況の中に残された石器群との層位的な位置づけが同等ではないという問題があります。石器群が層中を上下に拡散しているという状況と、純層で明確に区別できる状況で検出された石器群を峻別して考えていかなければならないと考えています。層位と石器群との関係は、遺跡形成論の問題を加味して考察されるべきであろうと考えています。

　最後に、火山灰が降下したことによる影響も考えなければならない問題です。たとえば浅間―板鼻褐色軽石群が降下したⅢ期に遺跡が少ない状況があります。この問題を考えるには火山灰の降下状況をつぶさに検討するべきですが、それが小地域によって違うことは、この問題をより複雑にしています。火山灰の降下とその堆積状況、そして人類文化・社会への影響は、今後、この地域の問題として留意すべき点であろうと考えています。

注
1) 本図は、町田・新井（1992）をもとに橋本氏によって作成された図面（2002）を引用したものである。
2) 本図は、上杉他（1983）をもとに橋本氏によって作成された図面（2002）を引用したものである。

引用・参考文献

岩宿フォーラム実行委員会 1994『群馬の岩宿時代の変遷と特色』第2回岩宿フォーラム／シンポジウム予稿集　笠懸野岩宿文化資料館

上杉　陽・米澤　宏・千葉達朗・宮地直道・森愼新一郎 1983「テフラからみた関東平野」『アーバンクボタ』No.21　クボタ鉄鋼株式会社

笠懸野岩宿文化資料館 1993 第5回企画展『群馬の岩宿時代』展示図録

関東ローム研究グループ 1965『関東ローム』　築地書館

小菅将夫 1999「Ⅲ 岩宿時代の解明」『岩宿遺跡発掘50年の足跡』第28回企画展図録　笠懸野岩宿文化資料館

小菅将夫 2002「周辺地域の様相 ―群馬県」『茨城県のおける旧石器時代研究の到達点 ―その現状と課題―』発表要旨・資料集　茨城県考古学協会

小菅将夫 2006「関東地方を中心とした岩宿時代Ⅰ期の予察的細分」『岩宿時代はどこまで遡れるか』岩宿フォーラム2006／シンポジウム予稿集　岩宿博物館・岩宿フォーラム実行委員会

小菅将夫・大工原豊・麻生敏隆 2004『群馬の旧石器』みやま文庫175

早田　勉 1990「第二節　火山灰の風土」『群馬県史　通史編1 原始古代1』　群馬県史編さん室

田代　寛 1966「栃木県における先土器時代遺跡と遺物産出層位」『栃木県考古学会誌』第1集　栃木県考古学会

橋本勝雄 1995「茨城の旧石器時代」『茨城県考古学協会誌』第7号　茨城県考古学協会

橋本勝雄 2002「茨城県における旧石器時代の編年」『茨城県における旧石器時代研究の到達点 ―その現状と課題―』発表要旨・資料集　茨城県考古学協会

町田　洋・新井房夫 1992『火山灰アトラス』　東京大学出版会

森嶋秀一 2002「周辺地域の様相 ―栃木県」『茨城県における旧石器時代研究の到達点 ―その現状と課題―』発表要旨・資料集　茨城県考古学協会

II 立川ローム層の形成と石器文化

矢島俊雄・岩上照朗　1981「栃木県先土器時代遺物の産出層位とその検討」『栃木県考古学会誌』第6号　栃木県考古学会

遺跡の発掘調査報告書については、煩雑となるためこれを割愛した。原著者には御寛恕願いたい。

III 遺跡復元と空間的分析

ジオアーケオロジーとセトルメントアーケオロジーの接点
―欧米での研究から―

阿子島　香

はじめに

　仙台から来ましたが、本日は東北地方ではなく欧米での研究事例を通して論じます。シンポジウム企画の比田井さんからは、欧米のジオアーケオロジーについてとの依頼でありましたが、この全体テーマは非常に膨大であり、私の力量に余ります。今回は、旧石器考古学にとっての問題、この分野とどのような関係があるだろうかという点について、少し考えてみます。

　まず、ジオアーケオロジーという分野とは何であるかと考えると、これは大変に広い領域を含みます。例えば雑誌があり、英米中心の国際的な雑誌で、Geoarchaeology: An International Journal で、Willey 社から出ています。最近号は、2006 年 12 月刊で、第 21 巻 8 号になります。年に 8 冊も刊行されており、内容は非常に多岐にわたっていて、一体何を以てジオアーケオロジーとするのか判然としない程です。「ジオ」ということで、内容を見てみると、様々な分野に及び、地学的なこと、地質学、それから地形学、地理、岩石学などを、幅広く含んでいます。これらを総合してみると、ジオアーケオロジーのジオというのは、Geology のジオばかりでなく、Geography のジオも含むとの感を強くします。

　具体的に例をみると、環境変動の変遷史をはじめ、デジタル・シミュレーションによる堆積過程とか、遺物の空間分布、それと生活面の形成過程の関係とか、堆積後の攪乱の諸要因、あるいは土器の胎土分析など、幅広い内容が含められています。考古学として遺跡を研究する中で、これらの分野と共に学際的に追究している研究を掲載しています。公約数的に見ると、これら諸分野の成果を活用しつつ考古学研究を進める、という方向に見受けられま

III 遺跡復元と空間的分析

す。すなわち、この分野は、地学や地理学そのものではなく、あくまでも考古学なのです。しかしながら、この地学的な分野、地理学的な分野、これら各分野の具体的な援用なくしては、その考古学研究が成立しないという、そういう立場のように思われます。

　ここでは若干の学史的視点を含めて、特にセトルメントアーケオロジーとジオアーケオロジーとの両者の関係について、考えてみます。今回は若い世代の参加者も多いようですが、四半世紀位前に、種々、追究された課題を一部振り返り、それらの多くが未解決で残っており、今日的な課題としても存在することを見直し、今後に共に研究を進める材料になればと思います。トピックとして、人間活動の内容と遺跡の形成、その「場」における地学的なプロセス、その両者の関連ということを取り上げます。それらが含む様々な問題について、ジオアーケオロジーで言う、「ジオ」に関係する事柄を見ながら、事例を考察してみたいと思います。

　予稿集（別稿）の方では、理論的・方法論的な枠組みを主に論じました。ここでは具体的な事例から取り上げるので、両者を合わせ理解いただきたいと思います。

1. マドレーヌ文化の岩陰遺跡

　フランス南西端に所在するドゥフォール岩陰の発掘調査は、ニューメキシコ大学のストラウス教授により、1980～1984年に行なわれ、私は1982、1983年の調査参加と、米国での資料分析の機会を得ました。遺跡はピレネー山地とアキテーヌ低地（海岸部）との間にあります。地理学的立地の仮説としては、バーンも論じたように、この地域を通ってトナカイなどの季節的な移動が行なわれたという、回廊的なオロロン川の谷に沿った場所にあります。そして地勢学的にそのような所を通って群れが移動するのは非常に自然であるという立地になります。遺跡は北緯43°30′にあり、日本では北海道旭川の南程度の所にあたりますが、川を遡って行くと後期旧石器時代後半にも氷河が存在したピレネー山地に至ります。遺跡は二つの川の合流点付近にあり、いずれも遡れば数10kmでピレネー山地に到達します。

ジオアーケオロジーとセトルメントアーケオロジーの接点

第1図　ドゥフォール岩陰遺跡の立地（矢印の場所。岩陰は南南西に面する）

　ドゥフォール岩陰遺跡のある石灰岩地質の崖の上に登ると、南方にピレネーの山々が望まれ、眼下にオロロン川流域に広がる回廊状地形の景観が、パノラマ的に展開します。冬期を中心にした居住の場所として、マドレーヌ文化人が回帰的にこの岩陰を利用した要因として、遺跡周辺での景観が有する実利的な機能もあったと考えられます。隣接するドゥルティ岩陰では、サケ科の魚骨も検出されており、川岸の遺跡が資源上からも有利であることは言うまでもありません。そのような要因に加えて、地理的に特別な立地がもつ「情報の確保」という面での価値も、後期旧石器時代の大型動物狩猟民の移動拠点の占地を考える際には、重要であったと考えられます。ついでながら、この会場（調布駅前）の展望室のところから西を望むと、大変に美しく多摩川が眼下にあり、丹沢山地に至る非常な彼方まで遠望されます。今日は、富士山が見える日ではありませんでしたが、ちょうど遺跡の崖上から、ドゥフォール岩陰の彼方に、ピレネーの山々を遠望した時を想い起こし、アナロジー的な立地の相似を感じました。

111

III 遺跡復元と空間的分析

写真1 ドゥフォール岩陰遺跡の発掘（1983年）

ドゥフォール遺跡の発掘は岩陰自体の内部ではなく、その前にあるテラスの斜面において人間活動がどのように生起したかという面を主眼とした調査でありました。このような場所の堆積物では、短期の人間活動がそのまま細分層位に分かれて、パックされているという前提に立つことが不可能です。逆に、そういう前提を持つことが出来ない岩陰前の堆積物において、重複した堆積物での、地学的なプロセスと人間活動との関係はどのように説きあかされるかということも、重要な課題でした。生業活動の実態や、石器文化の内容など、多岐にわたる課題を目標とした総合的なプロジェクトでしたが、堆積層の形成過程の解明も一つの重要な目的でした。

2. 重複した堆積層と石器

　英語ではこのような重複した堆積物をパリンプセスト（palimpsest）と言います。同じマドレーヌ文化後期ですが、パンスヴァン遺跡に見られるような、非常な短期間の生活面がある程度分離出来るという状況の、いわば対極にあるような堆積物の内容と言えます。

　テラス前方にのびる斜面で、遺跡構造を考察する上で非常に重要な遺構が検出されました。隣接するドゥルティ岩陰にも同時期の同様な遺構が発掘されています。第4層において、礫をたくさん積みあげて構築した礫敷遺構（cobble pavement）というものが積み重なって検出されました。調査中に1番上から8番目以下の礫敷遺構まで、何枚も累積している状況は判明しましたが、斜面の上方（北側）と下方とで、それぞれ何番目の礫敷部分がつながり、全体を構成するのかというところまでは判明しませんでした。写真2はその

ジオアーケオロジーとセトルメントアーケオロジーの接点

うち中位の深度であった第4礫敷遺構の調査状況です。ここでの状況に一部見えますが、地質の基盤である石灰岩の山の、岩陰上から崩壊してきた岩塊があります。崩落石灰岩は「エブリ」と称され、昔からフランスの洞穴、

写真2　ドゥフォール岩陰遺跡第4層の礫敷遺構

岩陰遺跡調査において、堆積層の大きな構成要素です。微地形、水脈、土壌、気候などの面でも、文化層を構成する各層の形成過程理解の手掛かりとされます。ここでも、大小のエブリはそれぞれの層内で、遺構の中に折り重なって、礫と混在している状況があります。

石器の組成は、マドレーヌ文化後期の典型的な組合せです。写真3に示し

写真3　ドゥフォール岩陰遺跡出土石器

113

III 遺跡復元と空間的分析

たのは各種の彫刻刀とエンドスクレイパーでありますが、全体としては、バックド・ブレイドレットすなわち背付き小石刃が、半数程度から、場所と層によっては過半数以上の多数を占める石器組成です。これらの石器はテラス前の斜面にある層中に、同様な堆積状況で包含されていたものですが、パティナの状態に大きな差が認められます。層の堆積過程についての地学的な理解を必要とする現象といえます。

ドゥフォール岩陰では、大多数の石器は在地石材で製作されています。遺跡から数キロ程度の2ヶ所の産地から採取された、灰色から青灰色を呈する同種のフリントであります。白色パティナと称しましたが、真っ白に風化した石器も、もともとは暗い灰色の石器と同石質でありました（破損面で確認される）。各段階の風化度を示す同石材の石器が、同じ堆積層中、同一遺構の内部において、複雑に混在しているのです。

3. 遺跡の「解像度」と人間行動

次に、堆積層の地学的な形成過程と、人間行動復元における「解像度」という問題を少し考えてみたいと思います。第2図は、ドゥフォール岩陰第4層を上から下まで通してみた場合の、トゥール大別各種の分布密度の、等密度線図です。約20年前の仕事ですが、当時パソコンは、ようやくPC-AT286という時代で、今のオモチャ以下の性能でした。これだけのシンプルな操作でも多大な労力を要し、今昔の感があります。しかし、ここで課題だった「パリンプセストにおける遺物の空間分布と人間行動」は、今なお遺跡構造分析の問題点として未解明の部分を残します (Akoshima 1993)。

一つには、人間行動の復元における、解像度のレベルという問題がありました。ギャンブルにより、堆積層ないし「生活面」における解像度 (resolution) と統合性 (integrity) の問題として論じられたところです (Gamble 1986)。すなわち、遺跡の中で、個別の人間行動をどこまで細かく分離して認識し、復元することが出来るか、という解像度の問題があります。ビンフォードがかつて概念化した、粒子度が細かいか粗いか (fine-grained, coarse-grained) ということです。統合性は、それと次元は異なり、堆積層の中に残る結果と

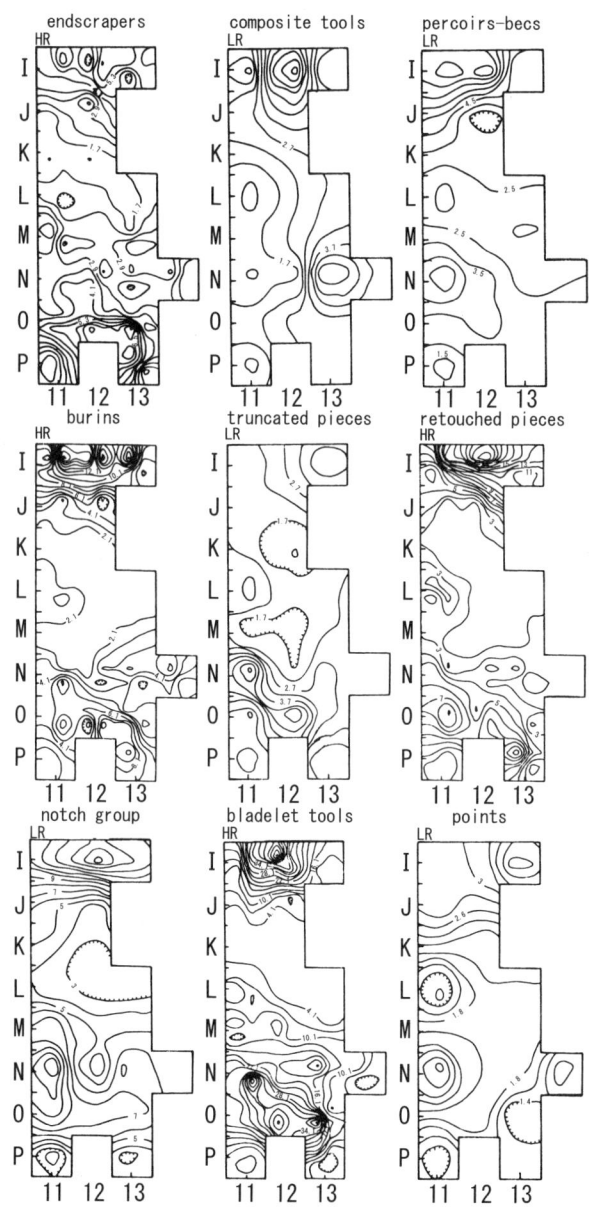

ジオアーケオロジーとセトルメントアーケオロジーの接点

第2図 ドゥフォール岩陰遺跡第4層のトゥール器種大別の分布密度（Akoshima 1993より作成）

III 遺跡復元と空間的分析

なった人間行動の同質性と多様性に関する基準であります。また堆積後変化の問題があります。人間行動の結果として、一旦堆積した空間分布が、その後に考古学の資料となるまで、すなわち現在の調査時点までの間にどのように当時のまとまった状態を残しているかという問題です。単純に考えると、その後に変形されて構造が崩れている程度はどの位であるか、ということです。前述のパティナの問題は、地学的形成過程の観点で、堆積後変化に関係があると考えられます。実際、テラス前の南南西向きの斜面からさらに下った下部の堆積層内で、擬似的な礫敷遺構が検出されて、調査中に再堆積層と判明したのですが、そこでは石器の風化度が高く、白色化の進行が確認されております。

　遺跡構造分析で解像度の問題を考える時、極端な分層的把握から、逆に重層的な累積結果まで、分析レベルを変えて操作的に捉えていくことができます。分析のスケールを可変的に考えるわけですが、両者の間は連続的です。例えば1点のエンドスクレイパーが使われた、ある皮なめしの行動を一極とすれば、1200年以上にわたって、当該人間集団が属していた文化システムが遺跡地点に残した累積層の全体までを対極として考えます。地理学的な広い土地を遊動し、各地点に多くの人々が、長年の間に残したものが結果として残る。そういった土地利用の様式全体というレベルまでが考察対象であります。これらの各レベルにおける人間活動の特質が、遺跡の構造の中に読みとれるか否かが追求課題でありました。

4. 遺跡構造の重層性とジオアーケオロジー

　すなわち、遺跡構造というものには重層性があることが、実際にドゥフォール岩陰第4層の中に見えたわけであります。次に、何が人々をその地点に引き付けたのかということを考えないと、何度も何度も回帰してくる人間集団がどうして同じ場所にいて、同じような行動をするのかということが、なかなか解明しがたいという問題があります。この場所の機能に関して具体的な特質は、トナカイを主な食料資源とした狩猟民ということであり、滞在した季節は冬を中心にして秋から春ということでありました。そしてパノラマ

的情報が得られるような戦略的な地点であり、そういう立地の中でも岩陰がある場所ということが、やはり大きな要因と考えられたのであります。

その中でも、礫敷遺構が比較的平坦な面にあるところ、やや急斜面になるところ、石灰岩の巨大岩が崩落したところ、岩陰の直近のテラスなど、さまざまな微地形がありました。分析対象区は、それほど広い範囲ではありませんが（図は1mグリッド）、その中で、上層から下層を通して、ほぼ同じ場所で同じように、石器の分布に変異のパターンがあり、2時期の変遷が認められることが捉えられました。微地形と、そこに既に構築されていた遺構、その場所で行なわれる人間行動の繰り返し、といった要因が重なり合って、結果的に遺跡構造の内容が形成されたとの結論に至ったのです。長期間に及ぶ堆積層であるから、人間集団としては別な人達が、別な時期に行なった行動の累積なのですが、遺跡構造を全体として見ると、ある一貫性をもったパターンが認められます。重複する長い年月を貫いて、ある構造を生起させる、そのような活動が繰り返し継続したことが、ある程度認識されたのでありました。

この礫敷遺構層の年代ですが、C-14で、4層の下部が12,260±400BP、4層上部が10,910年±220BPで、ざっと1200年間にわたり継続した層位です。この年数で単純に層の平均的な厚さを割ると、1年あたりで0.5mm位しか堆積しない計算になってしまいます。一方で1点の大きな骨があれば、厚さ5cmのものなら、それだけで100年分という計算になります。このようなことを一体どう考えていくかが課題であります。

石器の類型によって、集中する場所が相違しています。それは、場所ごとに見れば石器組成が変動しているということであります。さらに各地区の石器の中味を、細かな構造という視点から、分離して捉えることも可能です。操作のスケールを詳細な方向にすればするほどに、別の様々な石器分布の構造が抽出されてくるのです。当時のコンピュータ能力は低かったわけですが、ミクロなレベルから、マクロな堆積層全体を貫くようなパターンまで、数段階の石器分布の累積状況が認識されました（阿子島 1995・1997）。すなわち、パリンプセスト（重複堆積層）は、決してランダムな遺物の累積などではな

III 遺跡復元と空間的分析

く、数多くのミクロな構造があり、堆積層の内部に集積していることを、ある程度捉えることができました。

このような内容を解釈していくには、どうしても地学的な考察を必要とします。その堆積層がどのような形成過程を経て成立したかという解明が、考古学的な考察と同時に必要とされるのであります。地学的なジオということと、アーケオロジーということは、まさに相互補完的なのであって、地学的な考察を補助的に参考にするというスタンスでは、成立し得ない研究分野であると実感した次第でありました。

礫敷遺構の内部をよく見ると、遺構を形成する礫そのものの周囲には、石灰岩が崩落したエブリ、石器、動物遺存体（固い安定した部位と脆弱な部分の双方を含む）、それらの間の土壌などが、固定され堆積層となっています。地学的な観点からは、それらは等しく堆積層を構成している要素であることが強調されます。そこに何が有るかというのは、文化的な観点からの理解でありますが、地学的な形成過程と文化的な内容解釈は、両者あい携えて総合的に考察されるべき必然性を持っています。

重複した構築行為があったこと、後からの遺構が前からの遺構と遺物を土台にして形成されること、そして長い年月を通して空間的な構成に一貫性があること、第4層中でも第4礫敷遺構層付近を境に、後半期に至り空間利用の原則に変化が認められること、その変化は生業活動においてトナカイ中心からアカシカが重視されてくる画期に対応すること、などの諸点が指摘されました。いずれも考察にあたって地学的な理解は不可欠なものであります。

5. パレオインディアン文化のキルサイト

北米のグレートプレーンズ地域、モンタナ州のミルアイアン遺跡の事例です。ワイオミング大学のジョージ・フリソン教授による発掘調査に参画の機会を得た際のもので、写真4はゴシャン期の骨層 (bone bed) の調査状況です (1987年)。パレオインディアン文化のうち、ゴシャン型尖頭器の時期で、11,570BP～10,760BP の AMS 年代があり、クロービス期とフォルサム期の間に位置付けられます。今回のテーマとの関連では、堆積層としての遺物の

保存状況とタフォノミーの問題に触れてみたいと思います。バイソンの骨の残りやすいところ、脆弱なところ、関節として接合したまま出土しやすいところ、早く離れやすいところ、表面の風化の度合い、堆積層の上と中、周辺

写真4　ミルアイアン遺跡の骨層発掘状況

と中央など、トド氏らにより総合的に分析されました。野牛の狩猟解体が行なわれて、この場におそらくこれに近い分布で遺骸が堆積し、白骨化した後、しばらくの間、ある程度の変化が起きるまで地表にあり、やがて土におおわれたと推定されました。

　人間行動の形跡としては、どういう野牛の群れをどのように解体していったかが追究されました。また私も関わったのですが石器の使用痕跡の分析なども取り入れ、約30m離れたキルサイト地点とキャンプサイト地点とで、実際にかなり相違する状況があったことがわかりました。遺跡の継続期間、人間行動の「解像度」で、先ほどの事例と比較するならば、このような場では人間活動のミクロなレベルにおいて、行動形跡の追究が可能であることが知られます。地学的な形成過程が、そのような行動復元を許す堆積層の状況となっています。回帰的な断続的居住の形跡が、重複して堆積層の中に包含されるパリンプセストとは、本質的に異なる状況があります。骨層の調査状況は、写真4のように非常に脆弱な部分の骨も含んで、地学的な堆積層の構成要素となっています。パックされた堆積層といった表現もできましょう。

6. 石材原産地の回帰的地点とジオアーケオロジー

　ワイオミング州のハンソン遺跡で、現代の浸食作用がこの辺りの枯れ谷に影響しつつあり、遺跡が壊れていく途上にあるため、ワイオミング大学の夏

III 遺跡復元と空間的分析

期フィールドスクールとして調査が行なわれました (1986年)。浸食作用が遺跡に作用している状態は、いわば近代地質学の祖、ライエル以来の斉一説の原理が眼前で生起している、教材のような場にも思えました。パレオインディアン文化のフォルサム期の文化層では、堆積層における極めて薄い単位の重なりが認識される部分がありました。調査時に「微細層」(microstratum) と称していますが、ごく薄い層を検出できる場合、それは「解像度」における非常に細かいところまでが見えるということであります。

写真5 ハンソン遺跡の発掘 (1986年. 後方は Frison 教授(左)と Ingbar 氏(右))

焼土や小さな炭化物を伴う変色部分、石灰分が多くて非常に薄いまとまりになっている部分とが重なっていました。これは炉址ないし火を使った場所、および水の作用による部分的変化の重複と解釈しました。人間行動と形成過程の情報が得られる特殊な堆積状況の微細層でありましたが、地学的な理解が不十分のために、推測にとどまりました。

この時のハンソン遺跡の調査では、写真6に例を示しましたが、何枚も重なった微細層の一部に変色部分があり、石器が出土しました。少しずつ層を剥い

写真6 ハンソン遺跡の微細層と石器出土状況

でいくと、本当に薄くて数 mm から 1〜2 cm 位で、パッと変わり、砂が出たり、また石灰分が溜まっている、そのような状態が繰り返し認められました。複数の微細層に変色した焼けた部分のようなものがあり、石器の剝片やチップが伴いました。石灰分は溝のような形に分布するなど、様々な現象がありますが、やはり考古学という限られた眼では、地学的な解釈には限界があったという反省を持っています。このような場面においても、セトルメントパターン、狩猟採集の適応様式の考察に関連して、地学的解明は不可欠であること、ジオアーケオロジーは補完的役割をもつことがわかります。

　ハンソン遺跡の場合、地理的な立地条件はビッグホーン盆地の縁辺部にあたり、山の部分と盆地の部分との境にあります。食料などの資源的に見ると、山にあるものと盆地にあるもの、両方にアクセスが可能です。ただそのような場所は、無限に多数あるわけですが、一つの要因として、この場所は特定の石器石材が豊富にある所、チャート原産地周辺なのでありました。それが狩猟民の回帰的居住の地点選択に際し、占地の重要な要因になったと考えられます。石器の石材の存在が、人間集団は何故ここへ繰り返しやってきたかを説明するひとつの要因という仮説であります。

　ここでは、精巧な尖頭器であるフォルサムポイントは、外来の石材である別種の良質なチャートで製作され、この遺跡地点では最終的な工程が施されたことが知られます。ポイントの基部両面に施されるフルーティングの際に出る、溝状剝片（channel flake）が多数出土しています。ポイント自体よりも多数出土した、非在地の石材の溝状剝片が、石器製作行動の地点間での連鎖を示すのです。各地点における地質の理解が、石材産出地点の広がりの理解の前提となることは言うまでもありません。

おわりに

　20年前になりますが東北大学の考古学研究報告に、ミドルレンジセオリーは、資料の具体的分析と文化の変動についての仮説との間で、どういう意味を持つかについて、若干論じたことがあります（第3図）。今回のシンポジウムの中心テーマでもある地学的なプロセス、堆積層の形成過程の問題は、

III 遺跡復元と空間的分析

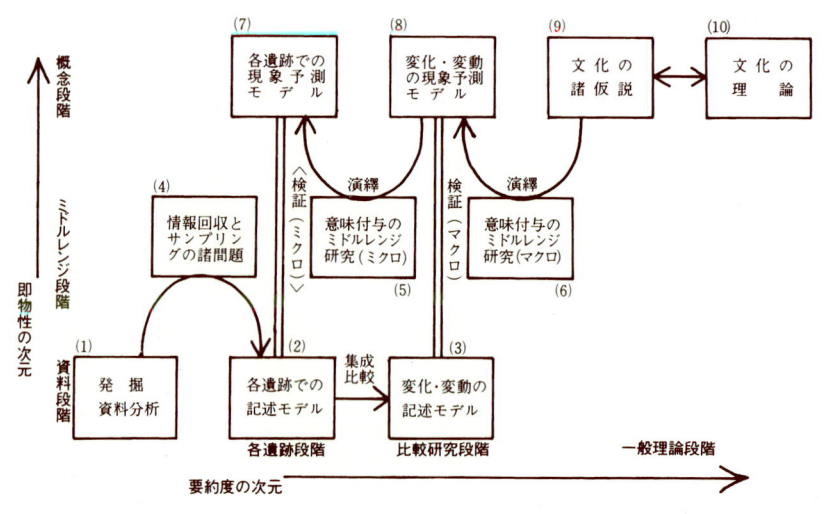

第3図　仮説検証、帰納的方法とミドルレンジ研究（阿子島 1985）

図の左下、(1) から (2) の部分に位置づけられます。

　ここに改めて取り上げた遺跡の調査分析への参画に際して、Dr. Lawrence G. Straus（University of New Mexico）, Dr. George C. Frison（University of Wyoming）の両先生に、深甚の謝意を表します。

参考文献

阿子島香　1985「石器の平面分布における静態と動態」『東北大学考古学研究報告』1　pp. 37-62　東北大学文学部考古学研究室

阿子島香　1995「ドゥフォール岩陰の彼方に —石器群の空間分布と人間活動」『歴史』84輯　pp. 1-29　東北史学会

阿子島香　1997「続・ドゥフォール岩陰の彼方に —岩陰遺跡文化層の構造論的理解」『歴史』89輯　pp. 83-112　東北史学会

Akoshima, K. 1993 Microwear Patterns and Distributional Variability in Terminal Palaeolithic Site Structure. Ph. D. dissertation, University of New Mexico.

Frison, G. C. 1996 The Mill Iron Site. University of New Mexico Press.

Gamble, C. 1986 The Palaeolithic Settlement of Europe. Cambridge Univeristy Press.

Straus, L. G., ed. 1995 Les Derniers Chasseurs de Rennes du Monde Pyrénéen, L' Abri

Dufaure: Un Gisement Tardiglaciaire en Gascogne. Mémoirs de la Société Préhistorique Française, tome 22.

酸素同位体ステージ3の時代の武蔵野台地

久保 純子

はじめに

　私は地形学を研究しております。きょうは地形学の立場からお話をさせていただこうと思います。まず初めに、なぜ「旧石器時代後期」などといわずに、「ステージ3」という語を使うのかというのを簡単に申しあげます。次に武蔵野台地の地形面の簡単な説明と編年の話、最後に最近のこの話題に関する問題点についてお話したいと思います（本稿は2007年1月27日の「多摩川流域の考古学的遺跡の成立と古環境復元シンポジウム」における講演記録に加筆しました）。

1.「ステージ3」について

　まず、あまり耳慣れない「ステージ3」という語について説明します。第1図は最近よく使われている第四紀の海面（気候）変化曲線です。12万年位

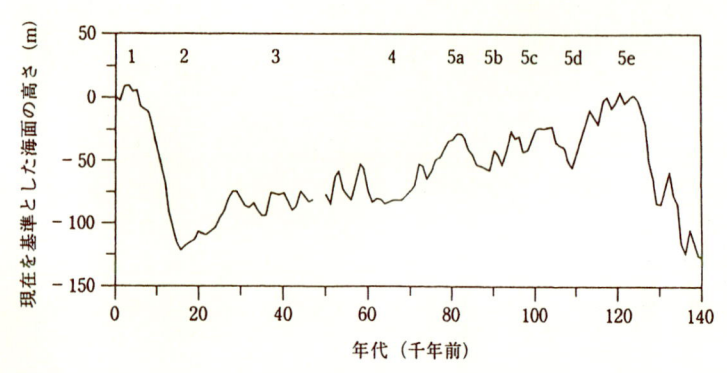

第1図　気候・海面変化曲線　(Shackleton 1987; 町田ほか 2003)

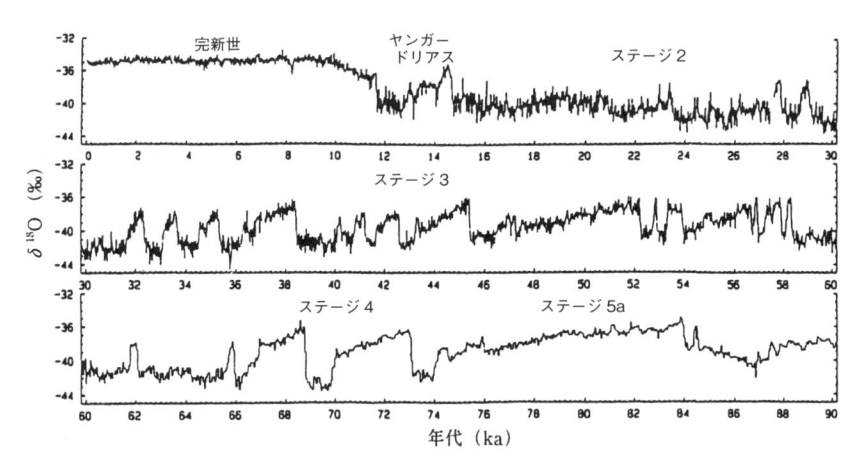

第2図 グリーンランド氷床から得られた気候変化曲線（Stuiver and Grootes 2000；町田ほか 2003 に加筆）

前の海面の高い温暖な時期（最終間氷期）があり、その後寒暖のギザギザを繰り返して最終氷期の海面の低い（寒い）時期になります。海面が一番下がったのが、1万数千年前（最終氷期最寒冷期 LGM: Last Glacial Maximum）です。その後急速に海面が上昇（温暖化）して、完新世（現在）になります。この図は、いくつかの海底堆積物の酸素同位体（比）のデータから作られたものですけれども、それぞれの温暖な時期と寒冷な時期に番号がつけてあって、奇数が温暖期、偶数が寒冷期になります。「海洋酸素同位体ステージ（Marine Oxygen Isotope Stage）」の略で、MIS とか OIS ともいいます。ステージ1が完新世で、2が最終氷期のいちばん寒い時期（LGM）です。

そうすると、ステージ3はステージ2ほど寒くはないけれど、完新世ほどは暖かくないという比較的長い時期で、年代的には6万年前から3万年前位にわたる期間になります。また、ステージ3はグラフの形がかなりギザギザしている、こういう変化のあった時代という意味で注目したいと思います。

第2図はグリーンランドの氷床コアの酸素同位体比から近年描かれた詳細な気候変動のグラフです。ここでは現在から約9万年前までが示されています。完新世の直前、ヤンガードリアスの時期にグラフがちょっとへこんでいます。この前が最終氷期です。ステージ3の時期というのはグラフの中段に

III 遺跡復元と空間的分析

なりますが、よく見るとたくさんのギザギザがあって、どうしてこういう急激な変動がおこるのかというのが、最近さかんに議論されているわけです。また、7万年前位の寒冷期がステージ4かと思いますが、その前は、また少し暖かい時期があり、これは武蔵野2面の形成期でステージ5aという時期です。

ステージ3の時期というのは、最近の旧石器の編年でいえば日本列島に人類が現われてきた時期であろうし（小野 2006）、さらに、比較的長い時期であって、なおかつその中での変動がまだよくわかってない、そういう意味で注目されるのではないかと思います。ヨーロッパでも「ステージ3プロジェクト」というのがジャーナルの特集号で出たりしているので（van Andel, 2002 など）、日本でもステージ3をもっと注目しませんか、というわけです。

2. 武蔵野台地の地形面と編年

次に、武蔵野台地の編年とステージ3の関係をみていきます。

貝塚先生の『東京の自然史』（貝塚 1979）では、武蔵野台地の下末吉面として、金子台、所沢台、淀橋台、荏原台、田園調布台などが示されています。このうち金子台と所沢台については扇状地が起源で、その他は浅い海底が起源とされています。金子台と所沢台については、最近は下末吉面よりも少し古いとする考えもあります。次に、武蔵野面としては成増台、豊島台、本郷台、目黒台、久が原台などがあります。これらはM1面からM3面までに細分されていますが、「武蔵野全域にわたって必ずしもはっきりと区別されるとは限らない」と断っています。立川面の模式地は、青梅から立川、府中、調布方面に続く「立川面」で、これも立川ローム層全層をのせる立川1面と、立川ローム層の上半分をのせる立川2面、それから青柳段丘とも呼ばれる立川3面に細分されます。これは山崎先生の区分（山崎 1978）などにもとづくものです。

このように、武蔵野台地の地形面は詳しく研究されていますが、いくつかの研究を比較すると微妙に違っている部分があります。第3図は最近編集された鈴木さんの図（鈴木 2000）ですけれども、武蔵野台地の西部や北部で微

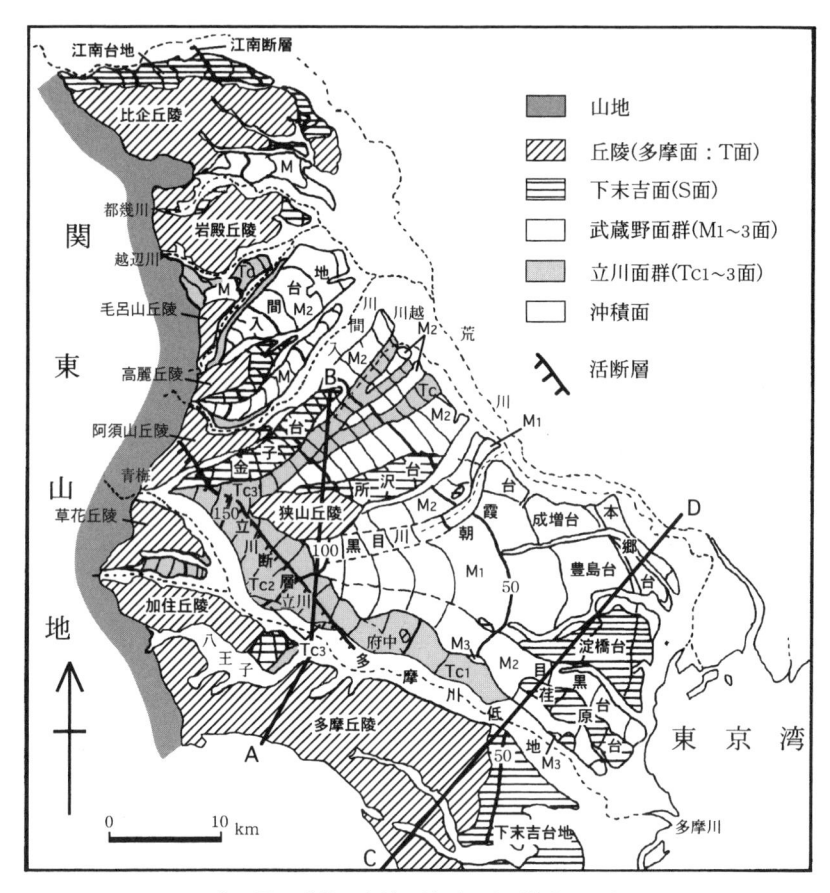

酸素同位体ステージ3の時代の武蔵野台地

第3図　武蔵野台地の地形区分（鈴木2000）

妙に違うところがあります。ですから、大枠はずいぶんわかってきたのですけれど、実は細部ではまだ解決していない部分もあるということです。

　それから、武蔵野台地のテフロテクノロジーを使った編年と、先ほどの酸素同位体ステージの関係も非常に詳細に研究されてきました。ステージ3という時期は最終氷期の中のやや暖かい時期ですけれども、従来の研究では武蔵野ローム層と立川ローム層の境界を含むように描かれています。それから、地形面でいうと、立川1面と立川2面を含むような表記になっています（た

127

III 遺跡復元と空間的分析

とえば町田・鈴木2000)。ステージ3の年代についてはまたあとで申しますけれども、5万〜6万年位前から2万5千年前位という幅をもっている、比較的長い時代です。

次に、年代の話ということで主なテフラの年代を、町田先生と新井先生の『火山灰アトラス』(町田・新井2003)からとりあげてみます。ここでは鬼界アカホヤ火山灰(K-Ah)が7,300年前と書かれています。鬼界アカホヤは6,300年前、という値がずいぶん長く言われていたのですけれども、なぜ変わったかというと、C14年代(炭素年代)をキャリブレーション、つまり年輪などを1枚ごとにC14年代を測ったものから換算表を作り、コンピュータープログラムで較正(変換)して表記すると7,300年前になるということです。C14年代のキャリブレーションのほかに、三方五湖のうちの水月湖の湖底の地層、その年稿のデータなども使われているそうです。これを(較正)暦年代とか実年代とか呼びます。

始良丹沢火山灰(AT)も、初めの頃はC14年代のそのままの値で、21,000〜22,000年前(炭素年)というように言われていたのですけれども、これも実年代として示すと26,000〜29,000年前という実年代(暦年)になります。この値がだいぶ古くなるので、一部で混乱が生じているのかとも思います。

さらに下位の箱根東京軽石(Hk-TP)、これは武蔵野ローム層で見られるものですけれども、これも49,000年前というフィッショントラックの年代(放射年代)をながらく使ってきたわけです。けれども、層序や酸素同位体のカーブにおける寒暖、地球の公転軌道変化による日射量の計算などと比較すると、さらに古く、6万年から6万5千年前位(実年代)と考えるようになりました。

このほか、阿蘇4火山灰(Aso-4)も7万年前位と言われてきたのですが、やはり酸素同位体比、あるいは層序からすると85,000年前位、御岳第一軽石(Pm-I)は10万年前位というように改訂されました。このあたりは旧石器とはあまり関係ないかもしれませんけれども、年代をどういう基準で示すかということで若干わかりにくくなったのかと思います。

C14 較正年代につきましては、現在のところ、樹木年輪とサンゴ化石を使った較正プログラム（IntCal04）が 26,000 年前（暦年）までつくられています。このうち、12,400 cal yBP（暦年）までは樹木年輪によるもので、それ以前はサンゴ化石や有孔虫などの海洋のデータを補正して使っています。けれども、樹木年輪と比べると海洋データの数は非常に少ないのです（Reimer et al., 2004）。このため、それをそのまま使えばいいのか、まだ信頼度が低いのではないかという意見があります。26,000 年前（暦年）より前になりますと、一応データセットはつくられているけれども、Reimer らは「推奨しない」とはっきりと言っています。一方、酸素同位体カーブの年代は日射量の計算と同調（チューニング）させて、実年代（暦年）に相当するものとされています。ですから、たとえば「3 万年前」という場合、C14 年代で 3 万年前（炭素年）なのか、「推奨されない」キャリブレーションをして 3 万年前なのか、それとも酸素同位体カーブからみて 3 万年前なのか、というのは、充分注意しなければいけないことだと思います。

3. 武蔵野台地におけるステージ 3 の地形面

武蔵野台地におけるステージ 3 にかかわる問題点として、以下の 3 つをあげます。最初に、多摩川沿いの立川段丘について、それから武蔵野台地北部の地形面、それから埋没段丘についてです。最後のものは地上では見えない地形です。

第 4 図は相模野台地と武蔵野台地について作った年表です。左側が相模野の柱状図で、AT 火山灰や箱根東京軽石（Hk-TP）、相模野第 2 スコリア（S2S）などが主なテフラです。ステージ 3 は従来の地形面でいうと、相模野の中津原面や武蔵野の立川 1 面が含まれる時期です。

立川段丘の話は野川のシンポジウムでもお話しましたが（久保 2007）、立川〜府中〜調布にかけて、立川段丘は地形的には一連なのですけれども、ローム層の厚さが下流側の調布では 5 m 近くあるのに、上流の立川では 2 m 位しかないのです。下流側ではローム層の中に AT があって立川 1 面と考えています。それでは上流側の立川 2 面とはどこかで別れるはずです。Kubo

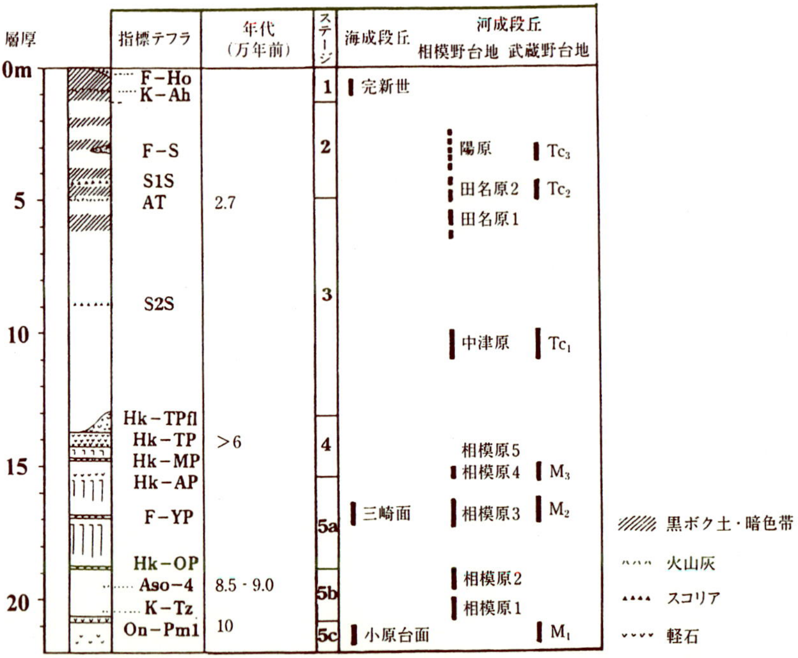

III 遺跡復元と空間的分析

第4図　武蔵野・相模野の編年（久保 1997）

(2002) ではこのあたりではないか、ということでおよその境界を示しておきました。このことについて、早稲田大学の院生が最近修士論文で調査していますので、それはまた別の機会に報告したいと思います。いずれにせよ、野川遺跡や明治大学が調査している下原・富士見町遺跡は下流側に分布していますから、ステージ3の時代の多摩川の氾濫原というのが出発点で、多摩川が側方に平野を広げていき、洪水のおよばなくなった土地で人類が活動していたというように想像しております。

　武蔵野台地北部については、私がローム層の厚さをおとしてみた図があるのですけれども（第5図）、金子台や所沢台ではローム層の厚さが10m位あって、下末吉面、あるいはもう少し前の時代の地形面かもしれないというところです。それから、柳瀬川の谷をはさんで、鶴瀬周辺と志木周辺ではローム層の層厚が5m以上あり、従来武蔵野2面だろうといわれてきました。

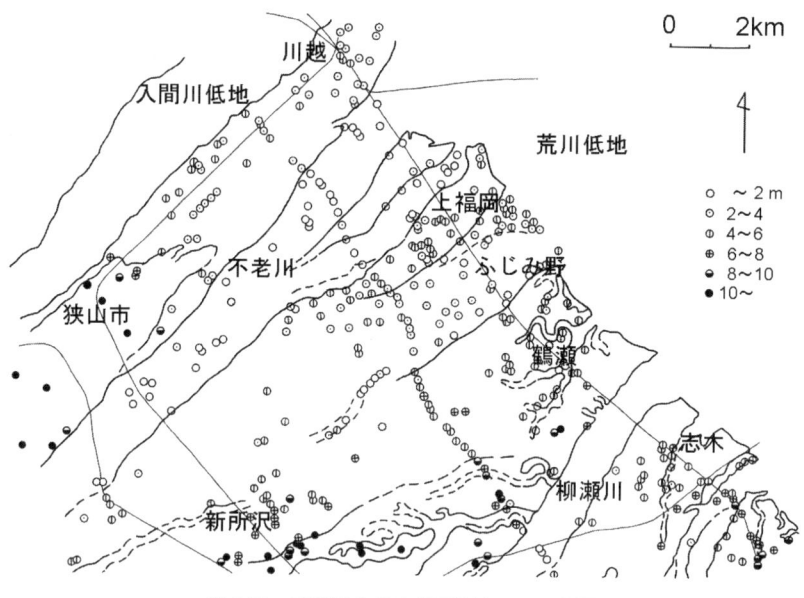

酸素同位体ステージ3の時代の武蔵野台地

第5図　武蔵野北部の地形面とローム層厚

しかし、上福岡と新河岸（南部）と川越あたりではローム層が4m位で、同じ武蔵野2面とされていますがやや薄いです。不老川（ふろうがわあるいはとしとらずがわ）という川がありますが、この周辺は非常にローム層がうすくて1m内外しかありません。ここは立川3面という、立川面のうちでいちばん新しい面です。

ところが、鶴瀬と上福岡の間のふじみ野、亀久保付近、このあたりが先ほどからよくわからないところです。ローム層の厚さを見ますと、この辺は2～3mという中間的な厚さなのです。まだ詳細な調査はしていないのですけれども、この面は下流側で荒川の沖積低地へ埋没していくという急勾配の面です。ですからここは海面が低かった時の面で、不老川の立川3面よりは古い時代ということで、武蔵野3面から立川1面位の、ステージ3の時代になるのではないかと思います。このあたりですと、地表から4m位のところで東京軽石が出るそうですから、ATや東京軽石などとの関係を今後確認したいと思っています。このあとの加藤さんのご発表でこの点は解決している

131

III 遺跡復元と空間的分析

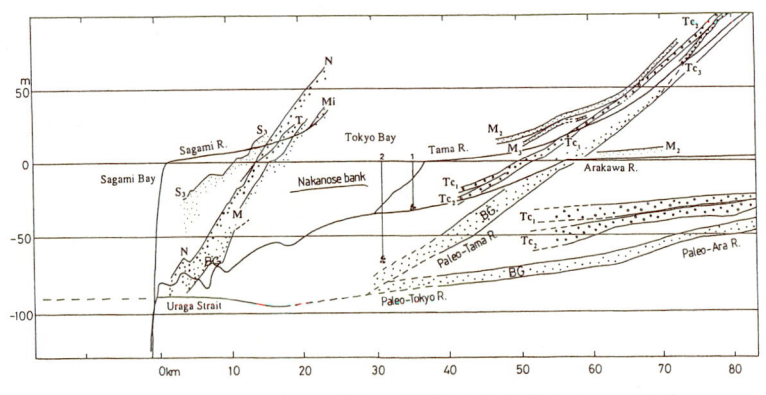

第6図 相模川・多摩川・荒川の縦断面と埋没段丘（Kubo1999）

のかも知れませんが、地形的にはこの上流側がよくわかりません。上流側には砂川という谷があります。砂川と不老川の間のどこかで、ステージ3の頃に多摩川がこちら側に流れこんできた時代があり、それがいつ頃でどの範囲なのかは今後の課題ということです。

最後に埋没段丘の話ですが、武蔵野台地と下総台地の間の東京低地では、沖積層の下にローム層をのせる埋没丘面があり、古くから立川段丘ではないかと言われてきました。埋没段丘ですからなにぶん手が届かないので、ボーリングデータによる検討ですけれども、何か所かでローム層の中からATが確認されております。ATが風成でのっているなら、立川1面（ステージ3）であろうと思うのですが、まだ確認できた地点が多くありません。けれども、埋没地形のうち、一番谷の深い部分の埋没谷底がステージ2の海面低下期の谷で、その両側に比較的広い埋没段丘面があるということです。おそらくはステージ3の時代に広い平野ができたものと思っています。

第6図は相模川、多摩川、荒川沿いに縦断面をいっしょに描いたものです。ステージ3の時代の面は、相模川の中津原面や、多摩川沿いの野川遺跡や明治大学調布校地の遺跡から続く立川1面の続きで、埋没面として下流部に広く分布しています。それから、今の東京低地の地下にも埋没段丘があります。これらのステージ3の面が、当時の海水準にあわせてどのように広がってい

132

たか、そして、そういうところが今日の話題の中心でもある旧石器時代の人達の生活面だという意味で、当時の地形や環境をさらに研究する必要があると考えています。

4. まとめ

　以上をまとめますと、まずなぜ「ステージ3」という名前を使ったかという理由として、国際的な対比として日本列島での人類遺跡を考える上でスタートとなりそうな時代であること、最終氷期の中の相対的に長い期間であって、その間の環境についてはまだわからないことが多いことなどから、ステージ3というとらえかたが必要ではないかということを述べました。

　次に、武蔵野台地においてはステージ3というのは立川1面相当の時代になるわけですが、その立川1面というのは多摩川沿いでもまだはっきりしない所があります。それから、武蔵野北部にもそれらしきものがあり、ステージ3の時代に多摩川がこちらに流れてきたであろうということなどが、今後はっきりさせるべき問題点があると思います。最後に、ステージ3の時代の地形面は埋没段丘として地下に広がっている部分が多く、ここでの人類の生活環境を考える意義についても強調したいと思います。

　注
1) 講演時点では"IntCal98"というプログラムを念頭に話しましたが、本稿では最新の"IntCal04"をもとにしました。

参考文献
小野　昭 2006「酸素同位体ステージ3問題と旧石器文化」『日本第四紀学会講演要旨集』No. 36 pp. 16-17
貝塚爽平 1979『東京の自然史　増補第二版』紀伊國屋書店
久保純子 1997「相模川下流平野の埋没段丘からみた酸素同位体ステージ5a以降の海水準変化と地形発達」『第四紀研究』36 pp. 147-163
久保純子 2007「多摩川の流路変遷と野川・多摩川間の地形の変遷―立川段丘の区分に関連して―」『野川流域の旧石器時代』明治大学校地内遺跡調査団編　六一

III 遺跡復元と空間的分析

書房　pp. 75-84

鈴木毅彦 2000「多摩川・荒川間の丘陵・台地・低地―武蔵野台地を中心に」『日本の地形4　関東・伊豆小笠原』貝塚爽平ほか編　東京大学出版会　pp. 232-239

町田　洋・鈴木正男 1971「火山灰の絶対年代と第四紀後期の編年―フィッション・トラック法による試み―」『科学』41 pp. 263-270

町田　洋・鈴木毅彦 2000「南関東の第四紀編年図」『日本の地形4　関東・伊豆小笠原』貝塚爽平ほか編　東京大学出版会　pp. 26-27

町田　洋・新井房夫 2003『新編　火山灰アトラス』東京大学出版会

町田　洋ほか 2003『第四紀学』朝倉書店

山崎晴雄 1978「立川断層とその第四紀後期の運動」『第四紀研究』16 pp. 231-246

Dansgaard, W. et al., 1993, Evidence for general instability of past climate from a 250-kyr ice core record. *Nature,* 364, pp. 218-220.

Kubo S., 1999, Buried terraces in the Lower Sagami Plain, Central Japan : Indicators of sea levels and landforms during the Marine Isotope Stages 4 to 2 (Part IV). 『中央学院大学人間・自然論叢』No. 9, pp. 95-140.

Kubo S., 2002, Buried Tachikawa Terraces in the Lower Tama River Plain corresponding to Marine Isotope Stage 3. *Geographical Reports of Tokyo Metropolitan University,* No. 37, pp. 15-24.

Reimer P. J. et al., 2004, INTCAL04 Terrestrial radiocarbon age calibration, 0-26 cal kyr BP. *Radiocarbon,* 46, pp. 1029-1058.

Van Andel, T. H., 2002, The climate and landscape of the middle part of the Weichselian Glaciation in Europe : The Stage 3 Project. *Quaternary Research,* 57, pp. 2-8.

武蔵野台地北部における後期
旧石器時代遺跡の立地環境

加 藤 秀 之

　今日私に与えられたテーマは、武蔵野台地北部における後期旧石器時代遺跡の立地環境です。最近は地域名を北部に統一しておりますが、かつては武蔵野台地北東部、あるいは北西部と称されている地域に相当します。

　これまで武蔵野台地北部の旧石器時代遺跡については、古くは荒井幹夫さんにより1979年の『神奈川考古』第7号誌上で、「武蔵野台地北東部地域の第Ⅱ期の石器群」としてそれまでの成果が発表されています（荒井1979）。その後は、当該地域についてまとめられたものは少ないですが、かなり期間があいて、森野譲さんが1993年に『明日への文化財』第33号誌上で「埼玉県駿河台遺跡の発見」として、これまで遺跡がないと思われていた空白地帯、既に河川の流路跡になった埋積谷沿いにも旧石器時代遺跡が存在するといった論考があり（森野1993）、以降、1997年の『埼玉県所沢市砂川旧石器時代遺跡』の報告書中、また1997年に野口淳さんが『明治大学校地内遺跡調査団年報1』誌上で「武蔵野台地における後期旧石器時代の立地と地形」として当該地域の地形及び遺跡立地について発表されてきました（野口1997）。これらをまとめたものとして2006年9月の第11回石器文化研究交流会において、「狭山丘陵・武蔵野台地北部の遺跡と石器群」と題しての小討論会が実施されたところです（石器文化研究会編2006）。

　まずは武蔵野台地北部の地形環境を概観してみましょう。

　武蔵野台地北部は、狭山丘陵から北側、概ね柳瀬川・不老川・荒川に画される地域に相当します。地形面としては多摩面である狭山丘陵、下末吉面である所沢台、武蔵野面である大井台、立川面が不老川沿い及び荒川低地に沿うように存在します。狭山丘陵最頂部で標高170m、狭山丘陵裾部で100m、

III 遺跡復元と空間的分析

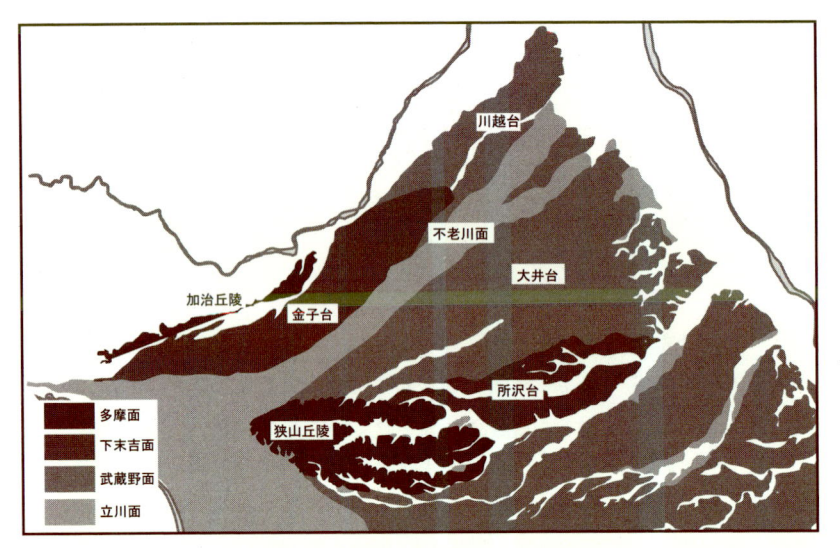

第1図　武蔵野台地北部の地形面区分

　三芳町上富付近で50m、富士見市水子付近で20m、荒川低地部分で6mと典型的な扇状地形を呈しており、武蔵野台地北部といっても比高差が100m以上にもなる地域となっています。
　狭山丘陵は武蔵野台地北部の扇頂部に相当し、芋窪礫層中からの多くの湧水を集め台地内を貫流する柳瀬川、六ツ家川、東川、砂川、不老川等の河川の水源地となっています。丘陵内部は小河川による開析が進み、大小の急峻な谷が刻まれています。
　下末吉面である所沢台は、狭山丘陵の北側から北東に広がります。標高100m付近の丘陵裾部には、狭山丘陵に涵養された地下水を豊富に湧出する「小手指ヶ原湧水群」とも称される地域と、丘陵から距離のある北東地域は吉村信吉さんにより武蔵野台地では最も多く宙水帯が分布するといった地域があります。
　所沢台から武蔵野面である大井台にかけての扇央部は、武蔵野台地北部の地形的特徴ともされる尻無川・末無川の存在があります。乏しい水に関わる名称は河川名だけでなく、野水・寄り水・逃水といった現象名や「〜久保」

という地名にも見られます。夫木和歌抄には「東路にありといふなる逃げ水の逃げ隠れても世を過すかな」と詠まれているように、あくまでも枕詞ですが、逃水という現象が武蔵野にあることが古代には京の都にまで伝わっていたほどです。柳瀬川と砂川の間の大井台には、古多摩川の網状流の痕跡的な流路跡である埋積谷が幾条か認められ野水・寄り水はその埋積した谷内から一時的に出水するものです。

　台地縁辺部である扇端部になると、標高30m付近を水源地とした延長の短い河川が多数見られます。富士見江川とその水系になる唐沢・権平川、砂川の支流になるさかい川、福岡江川等です。これらの河川の水源は、伏流していた地下水の湧出によるものであり、荒川低地に注ぎ込みます。

　荒川低地内には、安藤一男・渡辺満久さんにより武蔵野台地崖線下及び柳瀬川下流に埋没地形面群の存在が明らかになっています（安藤・渡辺1996）。最終氷期最寒冷期には、現在の荒川の下約30mに古期利根川の谷が刻まれていました。現在地表面に認められるのは台地崖線下の一部だけであり、縄文海進期以降の沖積地内に埋没していますが荒川0面～3面に分類され武蔵野面～立川面に相当するとされています。

　以上のように、武蔵野台地北部は丘陵地帯から荒川低地の埋没地形面まで大きく5種類の地形環境が存在しており、河川流域よりも水文環境も異なる地形単位で遺跡を理解していく必要があります。

　次に旧石器時代の遺跡の立地について概観しましょう。

　狭山丘陵地帯の遺跡は、浸食と二次堆積により平坦部がほとんど存在しない丘陵地帯であることもあり、遺跡内からは単独出土、斜面地による急斜面から二次堆積土中の単独出土が多いようです。旧石器時代の終末から縄文時代草創期にかけてのナイフ形石器・尖頭器・有舌尖頭器等の製品類が目立ちます。

　所沢台の遺跡は、先述した2つの地域に区分して見ていきます。

　「小手指ヶ原湧水群」のある丘陵裾部から台地平坦部への転換点には、お伊勢山遺跡ではAT下位の石器群が検出されていますがこの時期の遺跡は少ないようです。V～IV層下部段階の遺跡についても中砂遺跡、白旗塚遺跡

III 遺跡復元と空間的分析

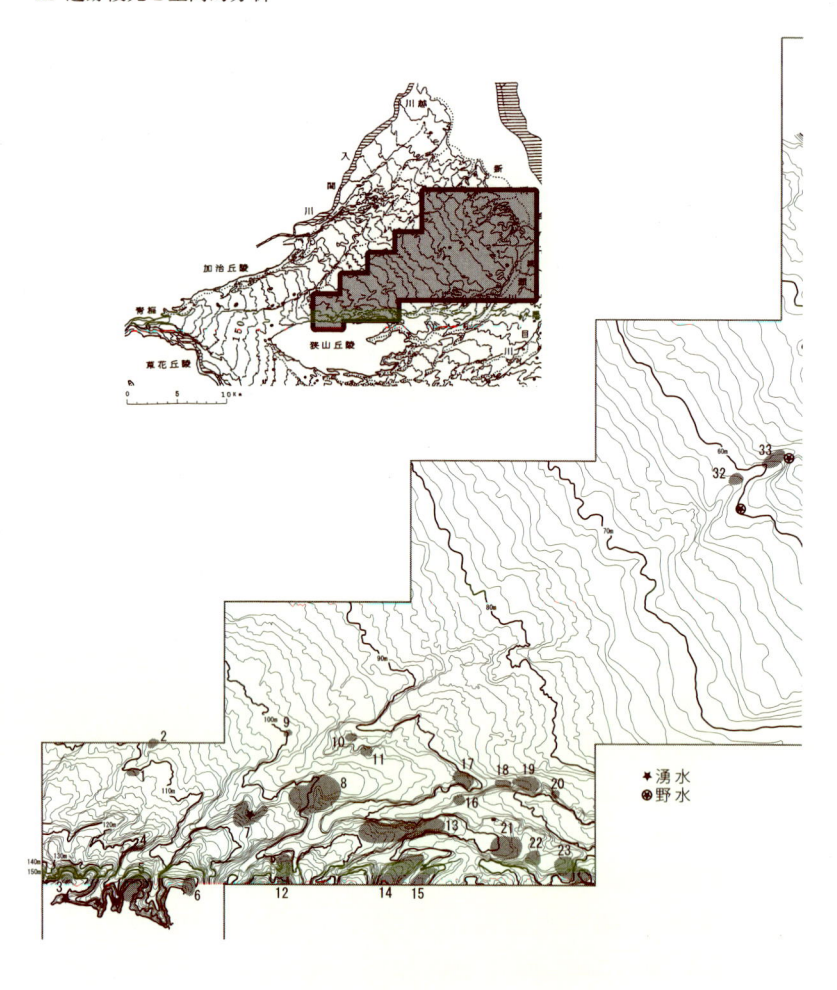

1	上樋井戸遺跡	8	白旗塚遺跡	15	海谷遺跡	22	膳棚東遺跡	29	日比田向山遺跡
2	富士塚遺跡	9	清橋遺跡	16	宇治遺跡	23	村中遺跡	30	所沢No.153遺跡
3	比良遺跡	10	中砂遺跡	17	所沢No.72遺跡	24	北原遺跡	31	屋敷前遺跡
4	宮林遺跡	11	野中遺跡	18	上新井台遺跡	25	程久保遺跡	32	稲荷前遺跡
5	お伊勢山遺跡	12	後内手遺跡	19	ハケ遺跡	26	茨山遺跡	33	駿河台遺跡
6	日向遺跡	13	吉野遺跡	20	上ノ台遺跡	27	武蔵野遺跡	34	月野原西遺跡
7	砂川遺跡	14	宮前遺跡	21	膳棚遺跡	28	所沢No.81遺跡	35	霞台遺跡

第2図　武蔵野台地北部扇状地の

武蔵野台地北部における後期旧石器時代遺跡の立地環境

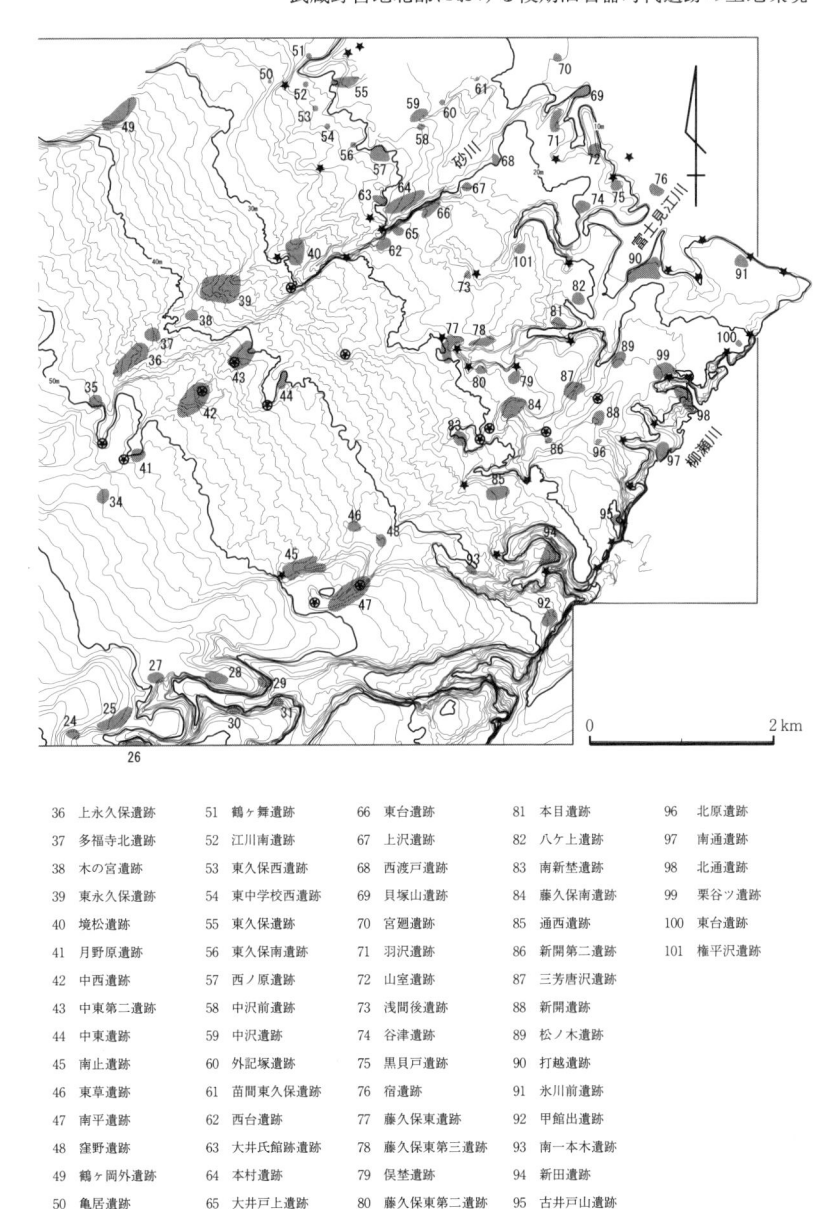

36	上永久保遺跡	51	鶴ヶ舞遺跡	66	東台遺跡	81	本目遺跡	96	北原遺跡
37	多福寺北遺跡	52	江川南遺跡	67	上沢遺跡	82	八ケ上遺跡	97	南通遺跡
38	木の宮遺跡	53	東久保西遺跡	68	西渡戸遺跡	83	南新塋遺跡	98	北通遺跡
39	東永久保遺跡	54	東中学校西遺跡	69	貝塚山遺跡	84	藤久保南遺跡	99	栗谷ツ遺跡
40	境松遺跡	55	東久保遺跡	70	宮廻遺跡	85	通西遺跡	100	東台遺跡
41	月野原遺跡	56	東久保南遺跡	71	羽沢遺跡	86	新開第二遺跡	101	権平沢遺跡
42	中西遺跡	57	西ノ原遺跡	72	山室遺跡	87	三芳唐沢遺跡		
43	中東第二遺跡	58	中沢前遺跡	73	浅間後遺跡	88	新開遺跡		
44	中東遺跡	59	中沢遺跡	74	谷津遺跡	89	松ノ木遺跡		
45	南止遺跡	60	外記塚遺跡	75	黒貝戸遺跡	90	打越遺跡		
46	東草遺跡	61	苗間東久保遺跡	76	宿遺跡	91	氷川前遺跡		
47	南平遺跡	62	西台遺跡	77	藤久保遺跡	92	甲館出遺跡		
48	窪野遺跡	63	大井氏館跡遺跡	78	藤久保東第三遺跡	93	南一本木遺跡		
49	鶴ヶ岡外遺跡	64	本村遺跡	79	俣塋遺跡	94	新田遺跡		
50	亀居遺跡	65	大井戸上遺跡	80	藤久保東第二遺跡	95	古井戸山遺跡		

旧石器時代遺跡分布（2007年改定版）

139

III 遺跡復元と空間的分析

等と遺跡数も少なく、遺跡規模も小規模です。最も遺跡数が増加するのがIV層上部（砂川期～終末期）です。当該地域の特徴としてはIV層の層厚が薄いため両時期を層位的に区分することが困難であり複合している場合は分離することができないこともあり両者を一括して取り扱います。宮林遺跡、砂川遺跡、白旗塚遺跡、中砂遺跡と遺跡数は増加します。遺跡数の多い状況は細石刃石器群の時期も同様です。特に「小手指ヶ原湧水群」周辺に遺跡分布は集中する傾向があります。

　所沢台北東部の宙水の分布地域は、扇状地としてみると大井台である武蔵野面の一部も含めて扇央部として扱います。標高50mから30m付近に相当する当該地域は森野譲さんによる「野水遺跡群」の分布域に相当し、柳瀬川の崖線沿いに分布する遺跡を除き、これまで旧石器時代遺跡の空白地帯とされていた地域であります。採集資料が多く発掘調査された遺跡は少ないものの、宙水の溢水による野水の湧出する地点や古多摩川の網状流の痕跡的な流路跡である埋積谷沿いに遺跡分布が認められることが明らかとなってきています（石器文化研究会編2006）。所沢台から大井台への転換点にあたる南止遺跡では、AT下位の石器群から細石刃石器群まで重層的にまとまった石器群が検出され、宙水地域でも恒常的に湧出しやすい水環境下のような比較的良好な場所では規模の大きな遺跡も形成されています。しかし、発掘調査された遺跡でも中東遺跡、南新埜遺跡、駿河台遺跡に見られるように、遺跡内においては時期が限定的で、石器群も少なく、小規模遺跡が多い傾向が見られます。採集資料による遺跡も含めて当該地域の遺跡の時期は、IV層上部（砂川期～終末期）の遺跡が多いようです。現代の野水は夏～秋にかけての台風等による大雨の時期に宙水帯からの溢水として見られる現象であり、これを旧石器時代に援用すれば時期的に形成された遺跡が多いということになりますが、今後は旧石器時代の当該地域の野水を含めた湧水等の水環境を復元していくことが必要です。

　台地縁辺部、扇端部は、標高30m付近を水源とする現代でも河川が流れ、これまで武蔵野台地北部の旧石器時代遺跡が集中するとされた地域に相当します。藤久保東遺跡群は、富士見江川の水源地周辺に広がる遺跡であり、X

層段階から重層的に文化層が認められる水源地遺跡です。武蔵野台地では鈴木遺跡や井の頭池遺跡群と対比できるような遺跡といえます。X層段階では谷津遺跡、IX・VII層段階では打越遺跡、VI層段階では栗谷ツ遺跡、貝塚山遺跡、松ノ木遺跡等がありますが、遺跡数も少なく、遺跡規模も小規模です。V〜IV下層段階では、新開遺跡、山室遺跡、東台遺跡、貝塚山遺跡、本村遺跡等と遺跡数は増加します。多くの遺跡で礫群を伴い、複数回使用されるような重複したものも多く見られます。IV層上部（砂川期〜終末期）では、北通遺跡、打越遺跡、氷川前遺跡等がありますが前の時期と比較して遺跡数は減少します。ブロックを構成する石器点数は少なく、小規模な遺跡です。III層の細石刃石器群まで遺跡数は少ない状況が続きます。

　武蔵野台地から荒川低地の埋没地形面群にかけては、現在地上に残る台地崖線下で宿遺跡（多門氏館跡）からIV層上部の小規模なブロックが検出されています。小手指ヶ原湧水池群周辺の時期的遺跡分布の傾向や白子川中流域での高位台地と低位台地の遺跡分布の傾向から、低位台地から沖積地下の立川面相当の地形面に宿遺跡と同時期であるIV層上部の遺跡分布が推測されます。

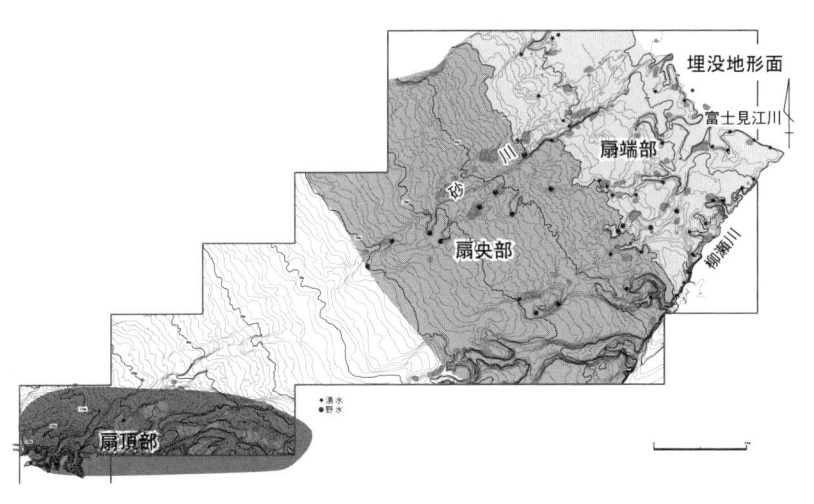

第4図　扇状地の地域区分と遺跡分布

III 遺跡復元と空間的分析

　武蔵野台地北部の旧石器時代遺跡は100を超え、他の地域と比較しても決して少ない数ではありませんが、遺跡規模は水源地遺跡である藤久保東遺跡群や扇央部でも湧水環境の良好な南止遺跡のような一部の遺跡を除くと、従来から指摘されているように一文化層での石器点数、バラエティの少ない小規模遺跡とされる遺跡が多いという特徴があげられます。

　さらに、時期別遺跡分布では、V～IV層下部段階とIV層上部の遺跡立地の偏在性が認められます。所沢台北東部から大井台にかけての扇央部及び低位台地から荒川低地にかけての埋没地形面群にはIV層上部の遺跡が、扇端部である台地縁辺部にはV～IV層下部段階の遺跡が多く分布します。

　旧石器時代遺跡と立地環境について事実報告をしましたが、今後は近年明らかになってきた野水遺跡群の位置づけを含めて、考古学・地理学・自然科学との統合的な分析を行い、武蔵野台地北部の旧石器時代誌を解明していかなければならないと考えています。

　※図版作成には、西井幸雄氏にご協力いただきました。

参考・引用文献

荒井幹夫 1979「武蔵野台地北東部地域の第II期の石器群」『神奈川考古』第7号 神奈川考古同人会

安藤一男・渡辺満久 1996「武蔵野台地北部の開析谷沿いにおける埋没地形面群」『第四紀研究』第35巻第4号

加藤秀之 1997「武蔵野台地北東縁部と入間台地の概要」『埼玉考古』別冊第5号 埼玉考古学会

砂川遺跡調査団編 1997『埼玉県所沢市砂川旧石器時代遺跡 —範囲確認調査および砂川流域旧石器時代遺跡群分布調査報告書—』 所沢市教育委員会

石器文化研究会編 2006『第11回石器文化研究交流会埼玉大会　発表要旨』 第11回石器文化研究交流会埼玉実行委員会

野口 淳 1997「武蔵野台地北部における旧石器時代遺跡群」『埼玉県所沢市砂川旧石器時代遺跡 —範囲確認調査および砂川流域旧石器時代遺跡群分布調査報告書—』 所沢市教育委員会

野口 淳 2004「武蔵野台地における後期旧石器時代遺跡の立地と地形」『明治大学

校地内遺跡調査団　年報 1』学校法人明治大学

羽鳥謙三 2004『武蔵野扇状地の地形発達 —地形・地質と水理・遺跡環境—』地団研ブックレットシリーズ 11　地学団体研究会

比田井民子編 2000『多摩川流域の段丘形成と考古学的遺跡の立地環境』財団法人とうきゅう環境浄化財団

森野　譲 1993「埼玉県駿河台遺跡の発見について」『明日への文化財』第 33 号　文化財保存全国協議会

森野　譲 1997「砂川流域遺跡群の成り立ち」『埼玉県所沢市砂川旧石器時代遺跡 —範囲確認調査および砂川流域旧石器時代遺跡群分布調査報告書—』所沢市教育委員会

吉村信吉 1940「所沢町東方武蔵野台地の地下水、特に宙水と浅い窪地の成因、聚落立地との関係」『地理学評論』第 16 巻第 3 号　日本地理学会

吉村信吉 1940「武蔵野台地の地下水、特に宙水・地下水瀑布線・地下水堆と聚落立地との関係（1）」『地理教育』第 32 巻第 1 号

武蔵野台地立川面における後期旧石器時代遺跡形成のモデル
―野川～多摩川間の地形形成と後期旧石器時代遺跡の動態―

野口　淳・林　和広

1. 立川面、立川ローム層と後期旧石器時代

　関東平野南部に広がる関東ローム層の中の最上部層にあたる立川ローム層の形成年代は、時間帯として後期旧石器時代に並行します。武蔵野台地を含めた関東平野南部の扇状地性段丘地形の中で基盤となる礫層の上に立川ローム層が直接堆積している地形面が立川面であり、後期旧石器時代の開始期からそれ以後にかけて形成された地形です。本稿では、武蔵野台地南部の立川面—現在の野川と多摩川の間、または国分寺崖線と府中崖線に挟まれた地域—を検討対象とします（第1図1）。

　立川面は形成年代が若いため、一見すると平坦な地形です。しかし詳細には立川1～3面に細分され、そこに堆積する立川ローム層の部層の違いと対応することが明らかにされています[1]。立川1面は立川ローム層のほぼ全層準が堆積し、その形成開始期は後期旧石器時代の初頭とほぼ対応します。立川2面、3面は、より遅れて形成されたものです。

　武蔵野台地南部の立川1～2面は、現多摩川河口側から上流側に向かって、また国分寺崖線側から現多摩川流路側に向かって、ほぼ東から西へと順に分布しています。これは、海洋同位体ステージ（MIS）3から2の時期にかけての気候性海水準変動と対応します（貝塚1977、羽鳥2004、本書久保論文）。立川1～2面が成立していく過程は、すなわち後期旧石器時代の人びとにとって、同時代に目の前で進行していた地形環境、景観変化の過程なのです。

　したがって地形形成過程の検討という地学的・地理学的課題は、そのまま生活空間・景観・環境の形成・変遷過程の把握という考古学の目的につながります。本稿で扱う領域とは、マクロ・スケールのジオアーケオロジーの実

践にほかなりません。

　そしていまひとつ、考古遺跡の発掘調査が地学的・地理学的課題の検討に果たす役割にも触れておきたいと思います。地形図や航空写真、ボーリング試料と異なり、考古遺跡の発掘調査ではオープンカットされた地層断面や面的に掘り出された埋没地表面を一定の広がりの中で捉えることができます。火山ガラスや鉱物の分析、放射性炭素年代の測定例も少なくありません。層位的な発掘調査は、人間活動の痕跡と同時に地中に埋没したかつての地形を掘り出す作業でもあります。そこから得られる情報の有効活用を、考古学の側はもっと図るべきでしょう。

2. 武蔵野台地南部の立川面：地形と形成過程

　第1図2は、現在の武蔵野台地の等高線図です。狭山丘陵をはさんで南北に2つの扇状地状地形が広がります。台地南部の立川面は、南側の扇状地状地形の南縁に沿って広がります。現在の台地縁辺と沖積低地との比高差は10数mから20数mですが、多摩川下流域では立川ローム層をのせる後期旧石器時代の埋没段丘面が、現地表面から40m以下で確認されます。海水準低下にともない多摩川の下刻が著しかった時期（MIS2）、台地の縁辺は相当に切りたった崖でした。先史考古学が対象とする時代の地形環境、景観は今日とは大きく異なっており、かつ取り扱う時間幅が大きければさらに、その間の変化・変遷も著しいことを理解した上で遺跡分布、立地を論じなければなりません。

　またこれまで、武蔵野台地は「ひとつの地形的単位」として一括されることが多かったのですが、台地内における地形環境は一様ではありません（第1図3）。とくに本稿で対象とする台地南部立川面は、崖線と低位段丘面とに特徴づけられた台地内の小地域です。

　並行する段丘崖、その間に広がる階段状の段丘地形というのは、一見、模式的、教科書的な図式と一致します。さらに野川流域における後期旧石器時代遺跡の調査の歴史は古く、遺跡数の多さとあいまって、しばしば武蔵野台地、あるいは関東平野南部における地形環境と遺跡立地の典型例、代表例の

III 遺跡復元と空間的分析

1. 武蔵野台地の等高線図
（国土地理院 数値地図標高データ
50mメッシュにもとづき作成）

本稿での主要検討範囲

0 5km

2. 武蔵野台地の地形面区分
（原図 羽鳥2004：第3図に加筆）

沖積面
沖積段丘
拝島段丘
青柳段丘
立川面
武蔵野─立川面
武蔵野3面
武蔵野2面
武蔵野1面
下末吉面
丘陵

0 5 10km

台地北部

狭山丘陵

台地西部
（立川面）

谷地中部
（凹地地帯）

台地東部
（樹枝状谷開析地帯）

野川流域（崖線と低位段丘面）

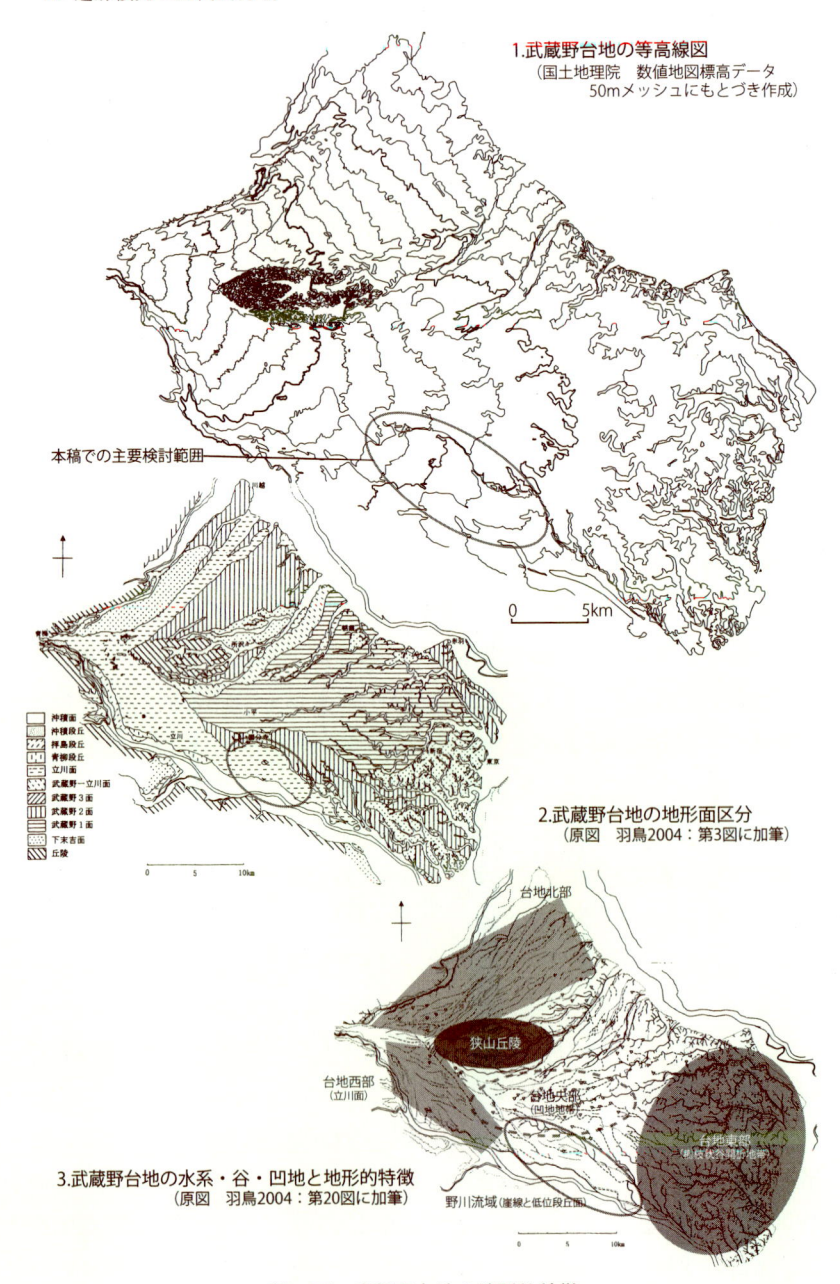

3. 武蔵野台地の水系・谷・凹地と地形的特徴
（原図 羽鳥2004：第20図に加筆）

0 10km

第1図 武蔵野台地の地形的特徴

ように取り上げられてきました。

　しかし、果たしてそのとおりなのでしょうか。

　第2図1は、武蔵野台地の南北を横断する現地形の断面図です。スカイラインは全体として南から北に向かって緩やかに下っており、関東平野全体の相対的な沈降との関係が推測されます。ところが、台地南部立川面だけが逆の傾向を示しています。地形面の分布状況からみて立川面の形成の直前、武蔵野3面の形成期を画期とするものでしょう。一方、狭山丘陵の北側では武蔵野2〜3面以降、立川面に至っても北へ下る傾斜は変わりません。台地南部立川面の様相は、武蔵野3面形成期以降に狭山丘陵の南側に流路をとった多摩川が、より古い地形面を削りかたちづくったのです[2]。

　なお多摩川は現在に至っても、その流路を南側、多摩丘陵側へと移動させています。流路の移動した後に広がる氾濫原はやがて乾陸化し、降下火山灰の堆積により一段高い地形面が形成されます（第2図2　貝塚1992）。後期旧石器時代から現在まで変わらない、国分寺崖線、府中崖線と並行する階段状の地形形成の原則です。それはまた、人びとの生活可能空間が南へ、低位面へと次第に広がっていく過程でもあります。

　しかし微視的には、その過程が北から南、国分寺崖線から現多摩川へ一方向的・単純に遷移しただけではないことを指摘できます。松田ら（1988）は、そうした様相を現在の府中市域を中心に、ボーリング試料と考古遺跡の発掘調査成果とから解明しました（第2図3：松田2001、松田ほか2005など）。さらに最近の考古遺跡の調査例は、より複雑な状況を明らかにしつつあります。

3. 立川面の中の微地形：2つの遺跡の調査事例から

　①下原・富士見町遺跡　調布市・三鷹市にまたがる下原・富士見町遺跡（明治大学調布付属校用地）の堆積環境、微地形とその形成過程、遺跡の変遷についてはこれまでにも検討してきました（明治大学校地内遺跡調査団編2005a・b、藤田2007など）。

　第3図2は同遺跡の基本層序の柱状模式図[3]です。立川ローム層は最上部から第Ⅶ層までが堆積しています。第Ⅶ層以下についてはローム質粘質土

III 遺跡復元と空間的分析

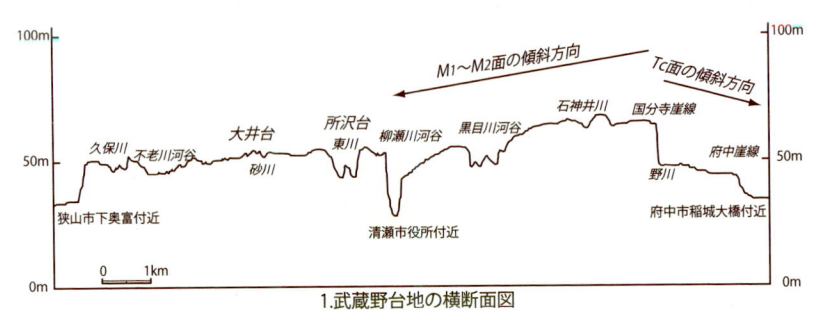

1. 武蔵野台地の横断面図
(国土地理院 数値地図標高データ50mメッシュにもとづきカシミール3Dにより作成)

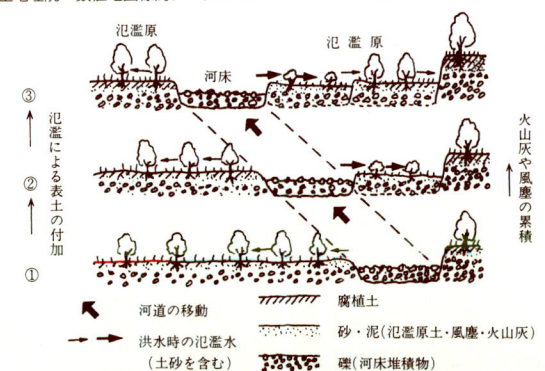

2. 河川流路の移動と段丘面の形成 (原図：貝塚1992図13)

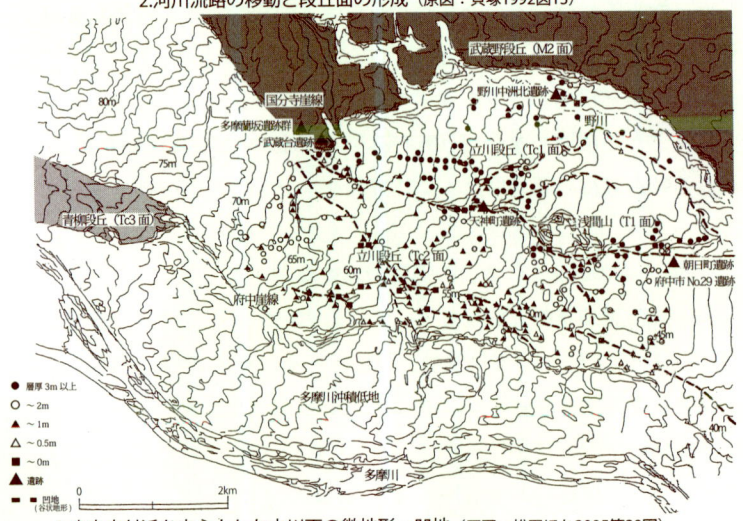

3. 府中市付近を中心とした立川面の微地形・凹地 (原図：松田ほか2005第29図)

第2図 段丘地形の形成

(A層群)、砂混じりシルト（B層群：立川礫層最上部ユニット）、砂礫（立川礫層）となっています。ただし調査区の全範囲で確認されるのはA層群上部のA2〜A3層までで、A4〜5層およびB層群は欠落している地点もあります[4]。

A層群は基本的に降下火山灰の土壌化層ですが、堆積時ないしは堆積後に水の影響を受けていることが指摘されています。同遺跡最下層の石器群はA4〜5層中に認められます。A層群と標準的な立川ローム層との層序対比はまだ確定していませんが、AMS測定年代はA3上層で 26,650±110yrBP（PLD-3306）、A3層で 27,568±95yrBP（PLD-5826）、他遺跡における測定結果と対比するとA3層はおおむね第IX層上部に相当します（藤根ほか2007）。

したがって後期旧石器時代初頭、立川面は水域・水際の堆積環境から離水・乾陸的環境へ移行するとすぐに人間の活動域に組み込まれたようです。全面的な乾陸化を待たずに、です。またその後も、一時的に湛水するような環境に逆戻りしたこともあったようです。しかし、活動可能な環境であれば少なからず生活の痕跡が残されているのです。

第3図3は下原・富士見町遺跡の礫層上面の埋没等高線図ですが、ここに表われている谷・凹地状の地形には、立川ローム層の堆積の中で埋積・解消されるもの、より後の時期まで地表面に谷または凹地として残り続けたものとがあります。そして後者は、後期旧石器時代から縄文時代を通じて遺構・遺物分布に影響を与え続けました。つまり北から南、国分寺崖線から現多摩川流路へという巨視的な地形形成と生活可能空間の拡大は、微視的にみると乾陸化が遅れる、あるいは再び水域環境に逆戻りするなどした生活不可能空間が入り組みつつ、複雑に推移する過程だったということになります。そしてそれは、当然のごとく遺跡・遺構立地、すなわち人間活動に影響を及ぼし続けたのです。

②調布市野水遺跡　調布市野水遺跡は、現在の調布飛行場の北端、野川にほぼ並行して走る幅70m近い大きな埋没谷に面して立地しています（調布市遺跡調査会編2006）。この埋没谷は、府中市天神町遺跡の埋没谷の下流部にあたります（第4図1）。

第4図3は同遺跡第1地点の地層断面と堆積環境・地形形成過程の模式図

III 遺跡復元と空間的分析

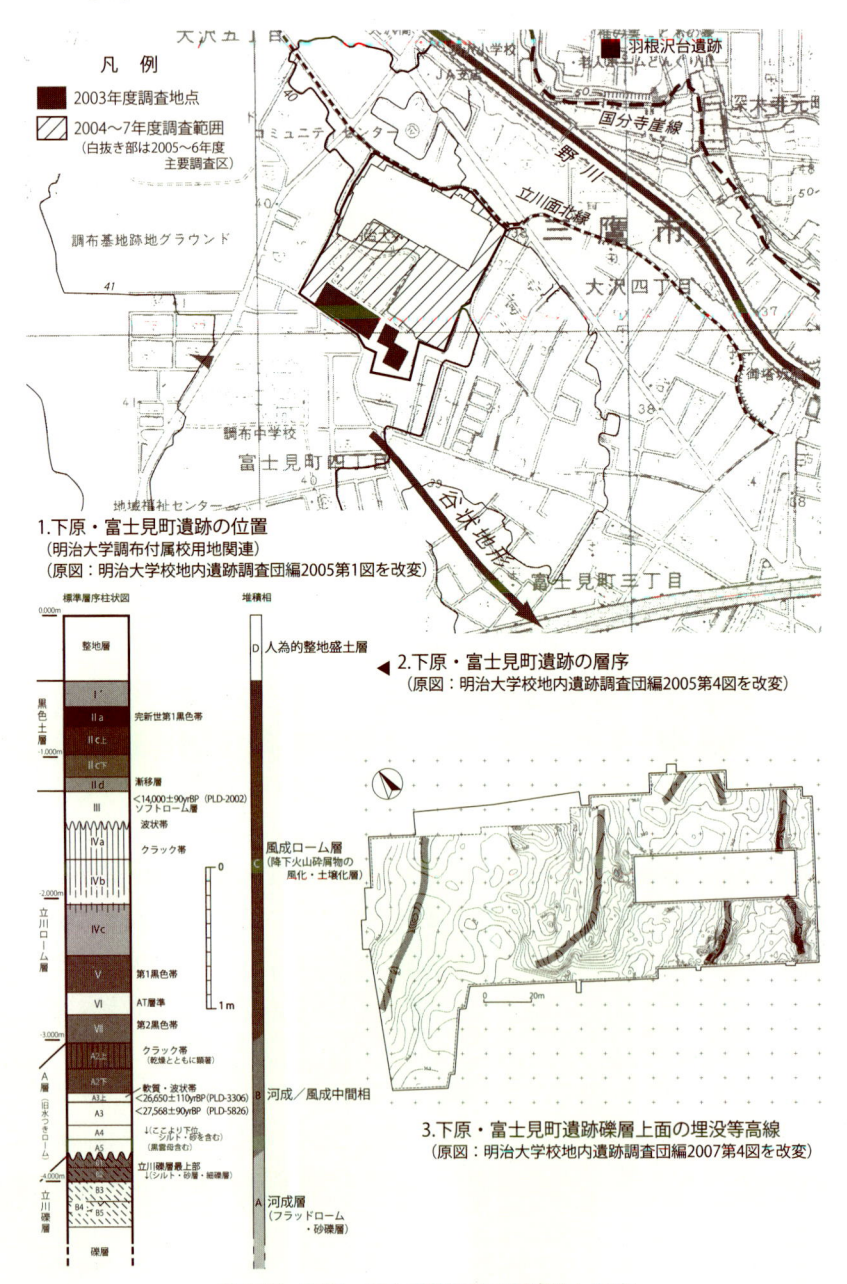

凡　例
■ 2003年度調査地点
▨ 2004～7年度調査範囲
　（白抜き部は2005～6年度主要調査区）

1. 下原・富士見町遺跡の位置
（明治大学調布付属校用地関連）
（原図：明治大学校地内遺跡調査団編2005第1図を改変）

2. 下原・富士見町遺跡の層序
（原図：明治大学校地内遺跡調査団編2005第4図を改変）

3. 下原・富士見町遺跡礫層上面の埋没等高線
（原図：明治大学校地内遺跡調査団編2007第4図を改変）

第3図　下原・富士見町遺跡の調査地と層序

150

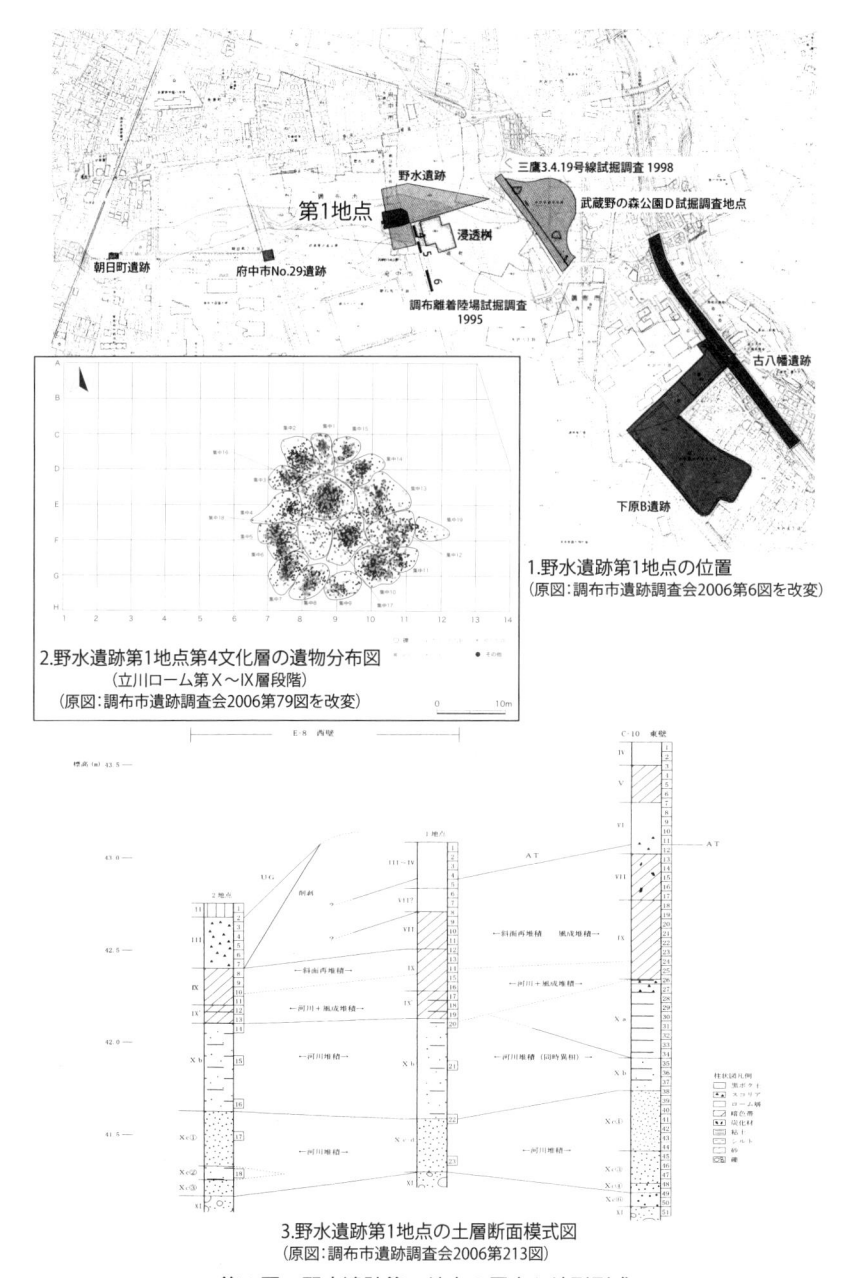

武蔵野台地立川面における後期旧石器時代遺跡形成のモデル

1. 野水遺跡第1地点の位置
（原図：調布市遺跡調査会2006第6図を改変）

2. 野水遺跡第1地点第4文化層の遺物分布図
（立川ローム第Ⅹ～Ⅸ層段階）
（原図：調布市遺跡調査会2006第79図を改変）

3. 野水遺跡第1地点の土層断面模式図
（原図：調布市遺跡調査会2006第213図）

第4図　野水遺跡第1地点の層序と地形形成

151

Ⅲ 遺跡復元と空間的分析

です。遺跡内の地点により離水・乾陸化の過程が異なっている点は下原・富士見町遺跡と共通します。そして離水・乾陸化の過程で、生活可能空間が広がるとほぼ同時に環状ブロック群をともなう大規模な遺跡が営まれています。野水遺跡の場合は、至近に広がっていたであろう川原での河川礫の採取が、遺跡形成の大きな要因であったと推測されます。同遺跡では河川礫を原材料とした石器製作の痕跡―石斧を含む―が大量に残されています。石器作りのための原材料の確保、そしてそれを大きく重い原礫の状態ではなく必要な大きさ・形状に加工してから運搬するといった一連の活動の場として、離水直後、あるいは離水過程のただ中の低位面が利用されてきたと思われます（野口 2005）。

4. 台地南部立川面の変遷：考古遺跡から見えること

　第5図は、現在の調布・三鷹・府中市が接する地域のおもな遺跡・地点の、地層断面の柱状模式図です。国分寺崖線直下の野川遺跡では、第Ⅲ～Ⅹ層まで全層準が堆積していますが、南へ、現多摩川流路側へ向かうにつれて層厚および堆積層の枚数が減少します。府中崖線際の調布市飛田給遺跡第39地点、あるいは府中市白糸台遺跡（武蔵国府関連遺跡第1097次調査区）に至ると、第Ⅳ層上部より上位、層厚約1mだけが堆積しています。

　この柱状図を礫層上面を基準に配置すると、その上に付加堆積した降下火山灰の層厚の差による段丘状地形の模式図が描き出されます（第5図2）。逆に立川ローム層上面を基準に配置すると、離水・乾陸化の時間的推移が描き出されます（第5図3）。各遺跡・地点の礫層上面の位置は時間軸（縦軸）における離水時期を示し、横軸における位置は空間的な離水の進行過程を示します[5]。これによると姶良 Tn 火山灰の降下前、第Ⅶ層の段階には、ほぼ現在の甲州街道、京王線の辺りまで広範囲に離水・乾陸化が進んでいたようです。同段階における武蔵野台地全般での地形・水文環境の変化についてはかつて指摘したことがあります。MIS3後半に位置づけられる立川ローム第Ⅹ～Ⅸ層段階には、台地南部立川面（小金井市野川中洲北遺跡ほか）、台地内河川流路沿いの低地部（練馬区尾崎遺跡、三鷹市島屋敷遺跡ほか）などで低湿地的堆

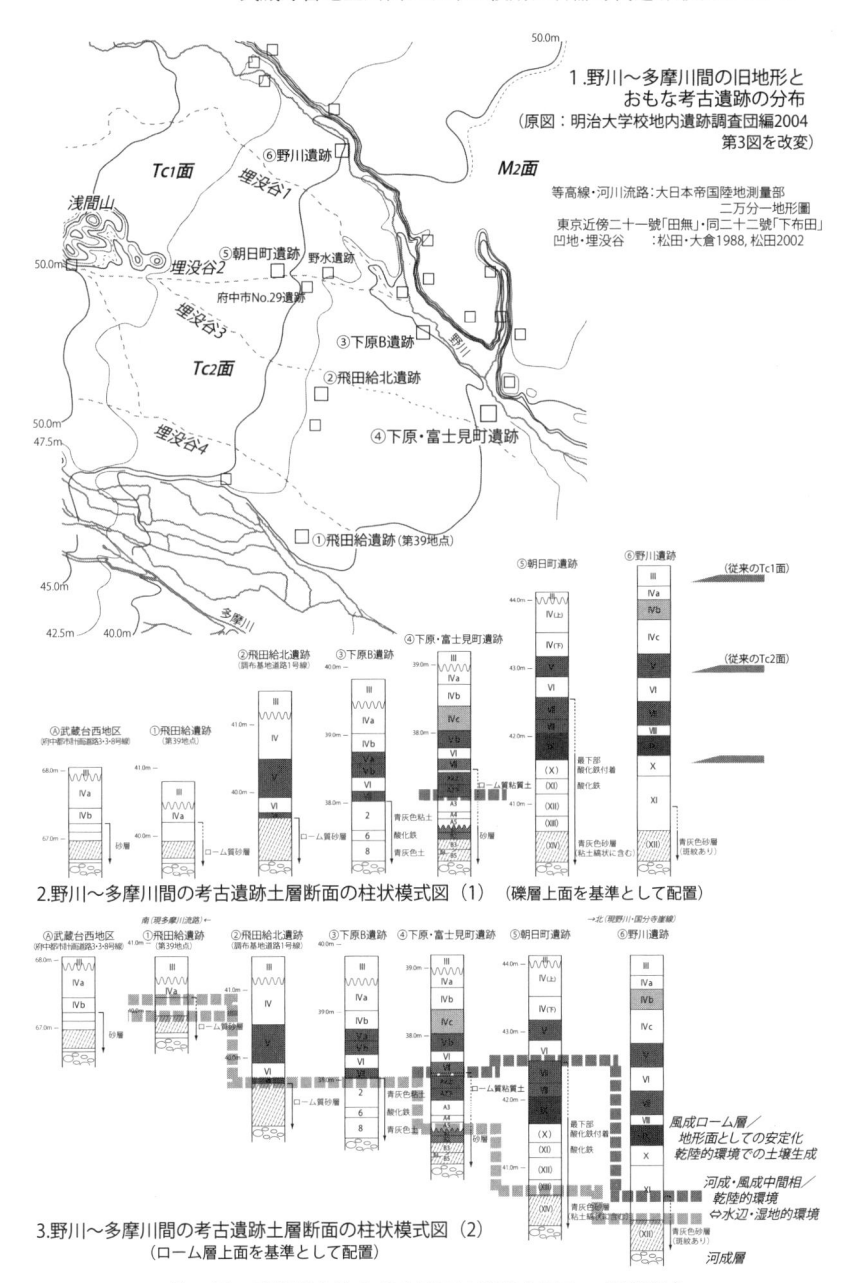

第5図 武蔵野台地南部立川面の遺跡と層序・地形形成

III 遺跡復元と空間的分析

積環境が報告されています。しかし MIS2 段階になると特定流路の下刻が顕著になる一方、それ以外では水流の途絶や低位面のロームによる埋積などが認められ[6]、海水準の最大低下期との関連が推測されます（野口 2004）。

一方で、礫層直上の堆積状況や層厚は遺跡、地点ごとに異なっています。とくに"離水・乾陸化の最前線"、当時の多摩川主流路（堤外地）により近かった遺跡では、礫層からローム層への変化が明瞭で、劇的な堆積環境の変化を示しています（調布市飛田給北遺跡など）。一方、同遺跡より北、野川までの範囲は、"離水"後すぐに現在見られるような台地地形になったわけではありません。国分寺崖線からの豊富な湧水は崖線直下に集まり"原"野川として流れると同時に、南へ、多摩川主流路へ向かって網状流をなしていたと思われます。遺跡やボーリングにより捉えられた埋没谷・凹地はその一部です。同様の状況は縄文時代以降の府中崖線直下にも認められ（松田ほか 2005）、現多摩川の大規模な治水事業が行なわれる以前は自然堤防的微高地と後背湿地的環境が複雑に入り組んだ低地的環境・景観が広がっていたようです（第5図1）。このような地形環境・景観はまさしく、MIS3 後半、立川ローム層下部段階の立川面と対比されるものです。

さらに第5図における検討地域を上流側に遡ると、府中市武蔵国分寺関連遺跡（武蔵台西地区）では国分寺崖線の直下で、立川ローム第Ⅳ層の下位に立川礫層が確認されています（川島・大西編 2004）。同様の状況は、同遺跡（府中武蔵台一丁目団地地区）、武蔵国府関連遺跡（府中島忠日鋼店地区）でも確認されています（伊藤 2007）。第Ⅶ層段階を画期として広範に陸化したのは、これらの地点よりも下流側だったことが分かります。「武蔵台」は国分寺崖線の走行方向の転換点であり、上流部側（現・国立、立川市域）では地形形成過程が異なっていたことが予測されます。今後の検討課題です（上杉 2007）。

武蔵野台地南部の立川面では、MIS3 から MIS2 にかけて、大きな地形環境の変化が起こりました。この変化は当然、生活可能空間の変化につながり、人間活動の変化、その結果としての遺跡分布、立地の変化へと帰結したはずです。

5. 遺跡分布、生活空間の変化

　MIS3 から MIS2 への環境変化とほぼ相応する時期、野川流域の後期旧石器時代遺跡の分布に変化が起こります。具体的には遺跡数の急増、大規模遺跡の増加であり、環境変化にともなう生活や社会の変化を反映したものとして理解されてきました。たとえば人口の増加にともなう遺跡数の増加、あるいは居住形態の変化にともなう遺跡数（活動地点・種別）の増加といったように（白石 1983、安蒜 1985 など、遺跡分布の詳細については下原 2004 を参照）。

　ここまで見てきたように、武蔵野台地南部立川面における後期旧石器時代開始期から MIS3/2 移行期にかけての地形環境の変化はかなり詳しく、高精細に描き出すことが可能になりました。そこに再度、野川流域における遺跡分布とその変遷を重ねてみましょう。

　第6図1は、姶良 Tn 火山灰降下前後、立川ローム第Ⅴ層下部段階までの遺跡分布です。遺跡位置の点の大きさは概略での遺跡規模に対応し、そこにおける石器製作行動の規模・累積度の差を示します。現在までのところ大規模遺跡は野水遺跡と武蔵台・多摩蘭坂遺跡に限られ、いずれも立川ローム第Ⅹ層～第Ⅸ層段階に位置づけられます。同段階における"離水・乾陸化の最前線"に近接して、川原における河川礫の採取、そのほか低地における諸活動と関連していたと推測されます（野口 2005、伊藤 2007）。続く第Ⅶ層～第Ⅵ層段階には大規模遺跡はなく、遺跡数そのものも少ない状況です。地形環境変化の画期にあって、生活空間も変動していたのでしょうか。

　第6図2は、遺跡数が急増する立川ローム第Ⅴ層上部～第Ⅳ層下・中部段階の遺跡分布です。遺跡の分布範囲は、離水・乾陸化がおおむね完了した範囲に広がりますが、大規模遺跡は引き続き野川沿いにとどまります。第6図3に示した第Ⅳ層中・上部段階も同様であり、"離水・乾陸化の最前線"には小規模な遺跡が分布するだけで、一時的な滞在地としての遺跡・地点と推測されます（立川面の遺跡については中山 2007）。この点、新たに拡大した生活空間に大規模遺跡が進出した第Ⅹ～Ⅸ層段階、つまり後期旧石器時代初頭とは大きく異なります。姶良 Tn 火山灰降下期以降、離水・乾陸化の進展にともなう生活可能空間の拡大は、必ずしも単純な遺跡増には結びつきませんで

III 遺跡復元と空間的分析

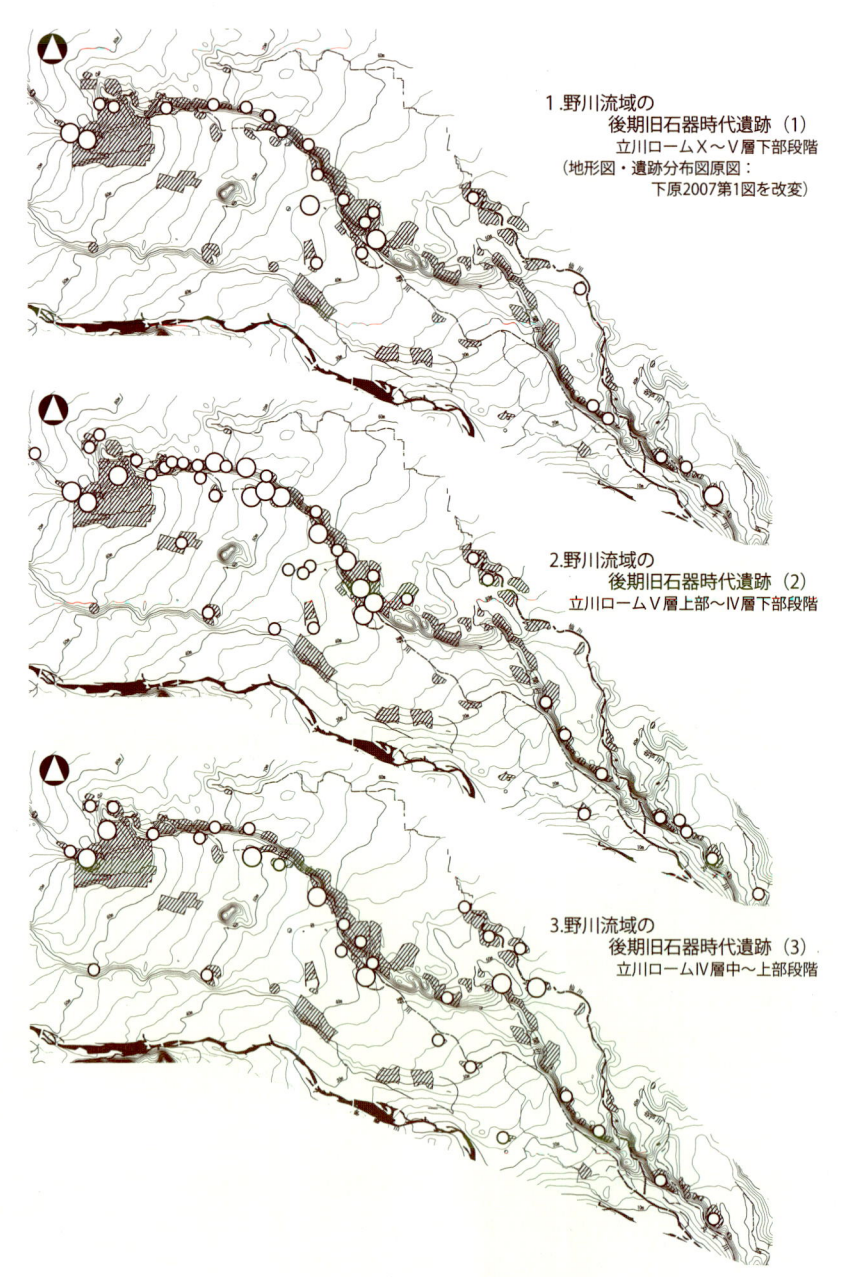

1. 野川流域の
　　後期旧石器時代遺跡（1）
　　立川ロームX～V層下部段階
　（地形図・遺跡分布図原図：
　　　　下原2007第1図を改変）

2. 野川流域の
　　後期旧石器時代遺跡（2）
　　立川ロームV層上部～IV層下部段階

3. 野川流域の
　　後期旧石器時代遺跡（3）
　　立川ロームIV層中～上部段階

第6図　武蔵野台地南部の後期旧石器時代遺跡分布の動向

した。このことは地形・水文環境の大きく異なる武蔵野台地北部（野口1997、森野2006）とも共通しています。台地南部立川面では、後の段階の遺跡分布はさらに西側へも広がりますが、国立市緑川東遺跡、立川市向郷遺跡などいずれも小規模な遺跡です。大規模遺跡が低地環境へ再度現れるのは、縄文時代草創期初頭に位置づけられるあきる野市前田耕地遺跡の段階からでしょう。

　生活可能空間の拡大は、一見すると潜在資源量と居住可能人口の増加に結びつくようにも思われます。しかし実際には姶良 Tn 火山灰降下後、MIS2 段階では、一時的な滞在地としてしか利用されませんでした。居住人口そのものの増加ではなく、活動痕跡の増加、分布拡大です。その背景としては、ひとくちに"離水・乾陸化"では一括できない環境の変化が挙げられます。遊動生活における空間利用の枠組み、潜在資源量と人口密度の関数などを勘案した上で、さらなる検討が必要です。本稿は、そうした試みの出発点として、遺跡における考古学、地学調査・成果の総合化を目指したものです。個別の課題については、今後さらに追求を進めたいと思います。

注
1) 台地南部立川面の細分地形面については現在いくつかの見解が提示されている（最近の研究例として小山・久保2007）。問題は、地表で捉えられる地形と地下地質、および地形形成過程の対応関係をどう理解するかにかかっていると思われる（上杉ほか1993、羽鳥1993。および上杉1999参照）。
2) 上杉陽、中井均両氏のご教示にもとづく。ここでいう多摩川とは、秋川、浅川、大栗川などを含めたものであり、かつ現在の多摩川中・下流の流路（少なくとも秋川の合流点より下流）を流れていた河川のことを指す。狭山丘陵の北側に流路をとっていた河川との関係、区別については今後の課題である。
3) 武蔵野台地における立川ローム層の「考古遺跡層序」の区分は調布市野川遺跡の発掘調査（小林・小田1971）において確立されたもので、黒色帯を基準に第Ⅳ～Ⅹ層が区分され、最上部のソフトロームが第Ⅲ層とされる。なお下原・富士見町遺跡の立川ローム層下部から立川礫層最上部に設定した「A層群」「B層群」は調査地における便宜的な呼称であり正式な記載に際しては再検討が必要であると考えている。

III 遺跡復元と空間的分析

4) その後、2003年度に行なった富士見町遺跡第1地点（明治大学校地内遺跡調査団編2004）の調査結果と採取試料を再検討した結果、遺跡地南端ではA3層以下が欠落していることが確認された。その境界はおおむね2004年度以降調査区のT164付近にあると推測される。
5) ただし注意しなければならないのは、離水・乾陸化の後に再び水域となり降下火山灰層が削剝された場合も想定されるので、礫層（およびそれを覆うフラッドロームなどの）上面が示すのはあくまで「最後の」離水時期だということである。
6) 羽鳥謙三（2006）は、MIS2段階の海水準低下にともない台地南部立川面で多摩川そのものが伏流化し「失踪」した可能性を指摘している。

引用・参考文献

安蒜政雄 1985「先土器時代における遺跡の群集的な成り立ちと遺跡群の構造」『論集・日本原史』 吉川弘文館

上杉 陽 1999「火山灰に見る自然環境」『考古学と自然科学4 考古学と年代測定学・地球科学』 同成社

上杉 陽 2007「多摩川水系発達史異説―武蔵野変動仮説・古東京湖仮説から―」『野川流域の旧石器時代』 六一書房

上杉陽・上本進二・伊藤ひろみ・佐藤仁美・土肥由美子 1993「いわゆる立川期のテフラ年代」『関東の四紀』18 関東第四紀研究会

貝塚爽平 1977『日本の地形』 岩波書店

貝塚爽平 1992『平野と海岸を読む』 岩波書店

貝塚爽平 1997『発達史地形学』 東京大学出版会

貝塚爽平・遠藤邦彦・鈴木毅彦・小池一之・山崎晴雄編 2002『日本の地形4 関東・伊豆小笠原』 東京大学出版会

川島雅人・大西雅也編 2004『武蔵国分寺関連遺跡（武蔵台西地区）』 東京都埋蔵文化財センター

久保純子 1988「相模野台地・武蔵野台地を刻む谷の地形―風成テフラを供給された名残川の地形―」『地理学評論』61-1 日本地理学会

小林達雄・小田静夫・羽鳥謙三・鈴木正男 1971「野川先土器時代遺跡の研究」『第四紀研究』10-4 日本第四紀学会

小山善雅・久保純子 2007「Q139-004 多摩川左岸における立川段丘面区分の再検討」『日本地球惑星科学連合2007年連合大会発表要旨』 日本地球惑星科学連合

下原裕司 2004「野川流域　武蔵野面の遺跡とその分布」『第10回石器文化研究会交流会発表要旨』

下原裕司 2007「野川流域の旧石器時代遺跡の分布と変遷」『野川流域の旧石器時代』　六一書房

白石浩之 1983「考古学と火山灰層序」『第四紀研究』22-3　日本第四紀学会

調布市遺跡調査会編 2006『都立武蔵野の森公園埋蔵文化財調査 —野水遺跡第1地点—』

中井　均 2007「下原・富士見町遺跡の立川礫層」『野川流域の旧石器時代』　六一書房

中山真治 2007「立川面の遺跡——その分布と古地形—」『野川流域の旧石器時代』　六一書房

野口　淳 1997「武蔵野台地北部の旧石器時代遺跡群」『砂川旧石器時代遺跡』　所沢市教育委員会

野口　淳 2004「武蔵野台地における後期旧石器時代遺跡の立地と地形」『明治大学校地内遺跡調査団年報1』

野口　淳 2005「立川ローム層下部の石斧」『明治大学校地内遺跡調査団年報2』

野口　淳・林　和広 2006「明治大学調布付属校用地の遺跡（仮称）における遺跡形成過程の研究 —ジオアーケオロジー調査方法の確立に向けて—」『明治大学校地内遺跡調査団年報3』

羽鳥謙三 1993「立川ロームのデフィニション」『関東の四紀』18　関東第四紀研究会

羽鳥謙三 2004『武蔵野扇状地の地形発達 —地形・地質と水理・遺跡環境—』　地学団体研究会

羽鳥謙三 2006「〈コメント〉多摩川の失踪と再生」『シンポジウム　立川ローム層下部の層序と石器群　予稿集』

比田井民子編 2001『多摩川流域の段丘形成と考古学的遺跡の立地環境』　とうきゅう環境浄化財団

藤根　久・パレオ・ラボAMS年代測定グループ・野口　淳・佐々木由香・植田弥生 2007「下原・富士見町遺跡における立川ローム層のAMS年代測定」『明治大学校地内遺跡調査団年報4』

藤田健一 2007「下原・富士見町遺跡における石器群と遺跡の変遷」『野川流域の旧石器時代』　六一書房

III 遺跡復元と空間的分析

松田隆夫・大倉利明 1988「立川段丘と凹地地形について ―府中市周辺の立川面の区分―」『府中市郷土の森紀要』1 府中市郷土の森

松田隆夫 2001「多摩川左岸における立川段丘の凹地地形」『多摩川流域の段丘形成と考古学的遺跡の立地環境』 とうきゅう環境浄化財団

松田隆夫・井出浩正・菅頭明日香 2005「東京都府中市・調布市・三鷹市周辺の凹地地形とテフラ」『明治大学校地内遺跡調査団年報2』

明治大学校地内遺跡調査団編 2005a『シンポジウム 立川ローム層下部の層序と石器群 予稿集』

明治大学校地内遺跡調査団編 2005b『シンポジウム 立川ローム層下部の層序と石器群 記録・コメント集』

明治大学校地内遺跡調査団編 2007a『野川流域の旧石器時代』 六一書房

明治大学校地内遺跡調査団編 2007b『明治大学校地内遺跡調査団年報4』 明治大学

森野 譲 2006「武蔵野台地北部における野水と後期旧石器時代遺跡群の展開」『考古学研究』53-3 考古学研究会

補注：脱稿後、『青梅地域の地質』（地域地質研究報告（5万分の1地質図幅））が刊行された（植木・酒井2007）。武蔵野台地、とくに武蔵野面～立川面（さらに青柳面）の地質・地形面区分について本稿と関わる内容を多く含む。とくに台地南部立川面の区分と断面図におけるATの位置については、伊藤（2007）や本稿で取り上げた考古遺跡における所見と異なる部分がある。注2で指摘したとおり、地表の地形と地下の地質との対応関係の評価が課題であるとともに、その解決にあたっては考古遺跡の調査現場における露頭断面の確認が有効であろうことを、いま一度強調しておきたい。

植木岳雪・酒井 彰 2007『地域地質研究報告（5万分の1地質図幅） 青梅地域の地質』 産総研地域地質調査センター

関東地方北西部における火山災害と遺跡分布の関係

関 口 博 幸・麻 生 敏 隆

はじめに

　「関東地方北西部における火山災害と遺跡分布の関係」というタイトルで代表して関口博幸が発表を行います。今日の研究発表はシンポジウムテーマに沿って南関東の武蔵野台地の研究事例が中心だったと思いますが、これからは視野を関東地方北西部、利根川中流域へと広げていただき私たちの研究発表を聞いていただきたいと思います。また、今日の研究発表は個別事例を取り上げ詳細な分析が発表されていますが、私たちの発表内容は具体的には利根川中流域の主に赤城山南麓、榛名山東南麓、鏑川・碓氷川流域、前橋台地など、群馬県の事例を俯瞰した概略的な内容が多くなる点をあらかじめ御承知おき願いたいと思います。

　さて、今回の研究発表の主旨は二点です。一点目は、後期旧石器時代に活発に活動した浅間山を中心に、火山活動とそれに伴って発生した火山災害や地形変化の変遷についてまとめることです。二点目は、先述した赤城山南麓など各地域の遺跡分布の様相と層位的な変遷について整理し、遺跡分布と火山災害・地形変化の関連について考察することです。浅間山に関する研究については、私が発表するまでもなく本日会場にいらっしゃっています早田勉さんが非常に詳しい研究をなさっていますし、その早田さんを前にして私が発表するのはとても荷が重く大変緊張していますが、私の発表も聞いていただければ有り難いと思います。よろしくお願いします。

1. 関東地方北西部の地理的環境

　はじめに北西部の位置を簡単に確認しておきます。これまで発表のあった

III 遺跡復元と空間的分析

　南関東、武蔵野台地はこの一帯、そして私たちの研究対象の北西部はこの一帯で利根川中流域から上流域にかけての地域と理解してください。地理的環境は赤城山や榛名山、浅間山などの火山があることが一つの特徴です。また、関東平野の北西端にあたる平野もあれば丘陵、山地、高原、河岸段丘、さらには扇状地も存在する複雑な地形で標高差も著しいものとなっています。そして、利根川がこの地域の中央部を流れ、北西部と南関東とを連絡するようにかつては古東京湾へと注いでいました。また、利根川に注ぐ鏑川や碓氷川、吾妻川などいくつもの支流が東西を結ぶようにこの地域で合流しています。

　石材資源環境からみますと、石器石材に多用された二つの重要な石材原産地が北西部には存在します。一つは黒色安山岩原産地、もう一つは黒色頁岩原産地です。黒色安山岩原産地には利根川上流の武尊山、鏑川上流の荒船山、さらに長野県側の八風山の三つの原産地が知られています。黒色頁岩原産地には利根川上流の支流、赤谷川上流域が知られています。黒色安山岩と黒色頁岩の二つの石材原産地が北西部にあり、それらの石材は原産地から利根川に供給されていました。そして、もう一つ重要な点はこの北西部が信州黒曜石原産地と南関東とを繋ぐルートの中継地に相当するということです。その代表的なルートが碓氷峠越えの碓氷川ルートと内山峠越えの鏑川ルートです。この二つのルートは黒曜石採取に関して、武蔵野台地と信州黒曜石原産地を結ぶ非常に重要な役割を発揮していただろうと考えられます。

2. 火山災害による地形変化

　続きまして、火山災害と地形変化について発表していきますが、ここで扱うのは二つです。一つは浅間山もう一つは榛名東南麓です。浅間山については前橋泥流との関連で説明します。赤城山については後期旧石器時代初頭にも活動していますが、主な活動はそれ以前になるので、ここでは省略します。

　まず、浅間山についてですが、写真1は東方から浅間山を撮影したもので、広大な平野が関東平野の北西部にあたります。遠方が浅間山、手前が榛名山、赤城山は右側になります。後期旧石器時代、この浅間山でどのような火山活動が発生したのかを簡単にまとめると、AT降灰以後に活発化するというこ

関東地方北西部における火山災害と遺跡分布の関係

写真1 浅間山を東方より望む

とが挙げられます。浅間室田軽石（As-MP）、浅間板鼻褐色軽石群（As-BP グループ）、浅間白糸軽石（As-SP）、浅間大窪沢第1軽石（As-Ok1）、浅間板鼻黄色軽石（As-YP）などたくさんのテフラが降り積もっています。これらのテフラは旧石器研究の分野では編年を構築する時に重要な役割を発揮しているのは皆さん御承知の通りだと思います。

ところで、浅間山ではこのようなテフラを伴う噴火活動のほかに大規模な泥流も発生しています。この泥流は前橋泥流と呼ばれています。発生時期は一連の As-BP グループが降灰していた頃に相当します。As-BP グループの何枚目かという詳しい発生年代についても研究が進んでいますが、ここでは As-BP グループ降灰の時期に発生したと理解していただきたいと思います。この時期は武蔵野台地のIV下・V層上部段階に対比でき、前橋泥流の発生は利根川中流域に大規模な地形変化をもたらしました。前橋泥流について簡単に説明すると、浅間山の噴火活動に伴う山体崩落による岩屑なだれが発生し、やがて泥流となり山間部の吾妻川に流れ下り、そして利根川へと合流し、広大な扇状地を覆い尽くしたというものです。その範囲は前橋市から高崎市、伊勢崎市まで及びますが、さらに利根川下流部のどこまで泥流が覆い尽くしたのかは今のところよくわかりません。泥流は円礫と砂利そして泥、これら

163

III 遺跡復元と空間的分析

が固まった非常に硬い地層です。現在の利根川の河原には通常の礫の大きさにふさわしくない巨岩も存在します。そのような巨岩は泥流によって押し流されてきたと言われています。

次に榛名山東南麓について説明します。ここでは陣馬岩屑なだれと相馬ヶ原扇状地の形成について簡単に説明します。関東平野東方から俯瞰すると、手前に榛名山その遠方に先ほど説明した浅間山、右側が赤城山になります。写真2の中央部に広がるのがかつて渡良瀬川によって形成された大間々扇状地です。榛名山の火山活動については、旧石器時代よりも古墳時代のほうがよく知られています。例えば、黒井峯遺跡の軽石に埋もれた集落や白井遺跡群の軽石直下の馬蹄痕と放牧地など、古墳時代の研究分野において榛名山がもたらしたテフラと密接に関連した研究がとても進んでいます。群馬県は火山県でありますから、旧石器遺跡に限らず水田跡でも集落跡でもテフラを最大限に活用した詳細な発掘調査が行われている訳で、群馬県の発掘調査とテフラは切っても切れない密接な関係にあるということです。旧石器時代に関連しては、榛名山ではおよそ3万年前の榛名八崎火山灰の噴火活動以後大きな変化はなかったようです。しかし、およそ1万7千年前に、相馬ヶ原扇状地を形成する大規模な山体崩落による陣馬岩屑なだれが発生します。これにより榛名山東南麓に大規模な地形変化が起こりました。

3. 遺跡分布の様相と変遷

続きまして、火山災害・地形変化から内容を大きく変えて、遺跡分布の様相と変遷について、榛名山東南麓、赤城山南麓、鏑川・碓氷川流域、前橋台地を対象にして層位的に暗色帯段階、AT段階、As-BP段階、As-SP段階以降に区分しながら説明していきます。

まず赤城山南麓についてです。赤城山南麓といえばご存知のとおり、日本旧石器時代研究発祥の地です。その岩宿遺跡は赤城山南麓のなかの大間々扇状地にあります。相沢忠洋さんは赤城山南麓で岩宿遺跡をはじめたくさんの遺跡を発見しています。赤城山南麓の遺跡分布の様子をまとめると次のようになります。暗色帯段階ではたくさんの遺跡が分布する。暗色帯層準の遺跡

関東地方北西部における火山災害と遺跡分布の関係

写真2　榛名山・赤城山を東方より望む

は赤城山南麓のどこを発掘しても発見されるといっても過言ではありません。有名な遺跡では下触牛伏遺跡や三和工業団地I遺跡など環状ブロック群が発見された遺跡があります。また、武井遺跡も発見されています。暗色帯段階、赤城山南麓ではたくさんの遺跡が分布している訳ですが、続くATからAs-BP層段階になると遺跡は極端に減少します。これまでの研究では、As-BP段階になって遺跡は激減すると言われていましたが、実際に細分して見ていくと減少傾向はすでにAs-BP段階以前のAT段階からはじまっているといえます。また、遺跡が激減すると言われていたAs-BP段階ですが、しかし実は赤城山南麓では最近徐々に発見例を増やしています。ですから、AT段階で減少しAs-BP段階になると増加する傾向にあるといえます。ただし、増加とはいっても武蔵野台地のIV下・V層上部段階の遺跡数と比較すれば、その数ははるかに少ないので注意が必要です。続いてAs-SP段階以降、武蔵野台地ではIV層上部段階以降に相当すると理解していただきたいと思いますが、この段階になると槍先形尖頭器製作遺跡が南麓の丘陵地帯で増加してきます。その最大の遺跡が武井遺跡です。武井遺跡は赤城山南麓の丘陵部に位置しますが、巨大な武井遺跡を中心にしてその周辺部に広間地西や梨子ノ木Jなどの遺跡が点々と衛星のように残されています。

III 遺跡復元と空間的分析

　次に榛名山東南麓についてです。赤城山南麓と同じように暗色帯段階の遺跡が各地で発見されています。白川傘松や三ッ沢中、白岩民部などの遺跡があります。As-BP 段階以降になると遺跡の発見例はありません。この地域の特徴は As-MP 及び As-BP グループの堆積が厚いということです。また、相馬ヶ原扇状地での発見例もありません。これは岩屑なだれによって遺跡が埋没し、発掘調査ができないということが原因と考えられます。

　続いて鏑川・碓氷川流域についてです。この地域は先ほど黒曜石原産地を結ぶ重要な地域と説明しました。ここでも暗色帯段階の遺跡がたくさん発見されています。白倉下原・天引狐崎・天引向原・古城をはじめとする遺跡が発見されています。ただし、AT 段階以降になると遺跡は極端に減少していきます。鏑川流域では As-MP は厚く堆積するものの、As-BP はブロック状に堆積する程度です。碓氷川流域では As-BP も厚く堆積しています。

　最後に前橋台地についてです。この前橋台地は先ほど説明した前橋泥流によって形成された地域と理解してください。西方から俯瞰すると写真3の中央部に流れているのが利根川その遠方が関東平野、左手が赤城山南麓、さらに遠方の山なみが足尾山地になります。前橋台地での発見例は現在までありません。では、なぜ遺跡が発見されていないのか。それは泥流によってかつ

写真3　前橋台地を西方より望む

166

て存在していた遺跡自体が埋没してしまったことが最大の原因だと考えられます。前橋台地は遺跡分布の空白地域になっているのがわかると思いますが、泥流によって暗色帯段階の遺跡が発掘調査不可能な深さにまで埋没したということです。これは言い換えると、泥流が発生する以前の利根川流域の一帯には、赤城山南麓と同じように遺跡が多数残されていた可能性が大きいということです。暗色帯段階の赤城山南麓では、黒色安山岩と黒色頁岩を利用する遺跡が圧倒的に多くしかも大量に消費しています。これら大量の石材を採取した場所が、赤城山南麓から最短距離のかつての利根川の扇状地に広がっていた河原だと考えられます。多摩川の立川段丘面に残された野水遺跡は離水直後の微高地に進出して形成された遺跡ですが、このような遺跡が泥流発生以前には利根川扇状地の微高地にも存在したのだと思います。黒色安山岩・黒色頁岩という石材原料の調達を考えれば、大量の原料が存在する河原に接近しこれらの石材をふんだんに消費した遺跡が残されたと考えていてもよいのではないかと考えています。つまり、赤城山南麓の台地に残された遺跡とともに、扇状地内微高地には石材採取地に最接近して残された遺跡も存在したのだと考えられます。

4. まとめと考察

　では、時間も押してきましたので最後にまとめに入ります。はじめに、火山活動によりテフラの降下だけでなく大規模な地形変化も起こったこと。一つは前橋泥流の発生と前橋台地の形成、そしてもう一つは榛名山東麓における陣馬岩屑なだれと相馬ヶ原扇状地の形成。これらの大規模な地形変化は遺跡分布に大きな影響を与えています。遺跡がそこに何故ないのか、それは地形変化によって遺跡が埋没してしまったことが原因であろうと考えています。

　次に遺跡分布の関係についてです。暗色帯段階では各地域にたくさんの遺跡が分布しています。その後、AT段階以降になると遺跡は減少していきます。そして、As-BP段階すなわち前橋泥流が発生した時期になりますと、武蔵野台地IV下・V層上部段階の遺跡分布と比較した時、非常に対照的な様相になります。この図にAs-BP段階の遺跡を示してありますが、最近では

III 遺跡復元と空間的分析

　As-BP 段階の遺跡が徐々に増えているとはいっても、暗色帯段階と比較したときあるいは武蔵野台地 IV 下・V 層上部段階の遺跡の数と比較したとき、やはり少ないという点に変わりはありません。では何故、As-BP 段階では北西部で遺跡が少なく武蔵野台地で遺跡が多いという極端な分布の違いが生じているのか。その理由を前橋泥流との関連から二つの仮説を提示して発表を終わりにしたいと思います。前橋台地に相当する部分が泥流に埋もれた範囲ですから、その面積を単純に武蔵野台地の大きさと比較しても広大な面積が埋没しているのかがわかると思います。この泥流により利根川中流域の石材採取地と狩場は消滅し、石材採取地が消滅したことによって石材の採取場所あるいは採取範囲が再編されて旧石器人の居住行動に大きな変化をもたらしたのではないかということが一つ目の仮説です。もう一つは、泥流は利根川中流域に大きな被害をもたらすと同時に、浅間山の麓にも大規模な被害をもたらしています。浅間山南麓側にも及んだ泥流と度重なる As-MP や As-BP グループの降灰により、碓氷峠越えの碓氷川ルートと内山峠越えの鏑川ルートの二つの信州黒曜石原産地へのルートが遮断されたのではないかということです。つまり、北西部を経由した武蔵野台地と信州黒曜石原産地を結ぶルートは変更を余儀なくさせられ、この二つのルートにあたる北西部は中継地として機能しなくなり、その結果遺跡が減少するのではないかという仮説です。As-BP 段階、関東地方北西部では泥流の発生により石材採取地と狩場の壊滅、信州黒曜石原産地ルート中継地としての機能停止が起こり、これによって遺跡が減少していったのではないかと考えられます。武蔵野台地の遺跡増加と北西部の遺跡減少というこの偏在的な遺跡分布は As-BP 段階に発生した泥流が大きな引き金になっているのではないかと考えています。

　これまで遺跡分布や遺跡の増加を探る研究では武蔵野台地の事例が中心的な役割を果たしてきました。しかし、武蔵野台地だけの事例で上手く説明ができるわけではありませんし、遺跡分布の偏在性を考える時にやはり関東平野一帯にまで視野を広げて研究する必要があると思います。武蔵野台地 IV 下・V 層上部段階の遺跡増加について、先ほどの野口淳さんの発表では予稿集 47 頁のように、「他地域からの移動も視野に入れた人口増による可能性が

指摘されてきたが、先に見たような地形形成過程の復元と併せると、むしろ生活環境の変化、つまり立川面の広範かつ安定した乾陸化による日常的な活動範囲（home range）の拡大によるものと考えるべきであろう。」（野口・林2007）と述べています。野口さんの説明と合わせて、武蔵野台地から関東地方北西部にも視点を移して遺跡分布の偏在性という現象を考えていく必要があると考えています。今後、何故そういう現象が起こったのかを研究する際に火山災害が一つのキーワードになるのではないかということを提示して発表を終わりにしたいと思います。

以上で発表を終わりにします。

付記

本文は、2007年1月27日（土曜日）に開催されたシンポジウム『多摩川流域の考古学的遺跡の成立と古環境復元シンポジウム　土と遺跡　時間と空間』において発表した「関東地方北西部における火山災害と遺跡分布の関係」の口頭発表内容を一部整理しまとめたものである。本文と併せて予稿集を参考にしていただければ幸いである。ただし、当日の発表に使用した図や写真は、残念ながら本文では紙数の都合により一部しか掲載できなかったので、この点は御容赦願いたい。

さて今回のシンポジウムは、後期旧石器時代の地形・景観・古環境を復元して遺跡が残された理由を探ることを目的とし、その研究事例として私たちは関東地方北西部の火山災害と遺跡分布との関連について発表した。As-BP段階の遺跡減少については、As-BPグループの降下と遺跡減少の時期との一致から、テフラの降下による環境変化との関係で説明されてきた（小菅1994・2004）。しかし、As-BPグループの降下範囲・堆積層厚は地域間の変動が大きいため、北西部全体にこの仮説を当てはめることはできない。地域を細分した再検討が必要である。そこでテフラ以外に直接的かつ広域に被害をもたらした原因こそAs-BP段階に発生した泥流災害であるとの視点に立ち、今回の発表を行った。しかし、北西部を俯瞰した概略的な説明にとどまったため、今後は石器群に視点を当て具体的に分析しなければならない。

III 遺跡復元と空間的分析

　ところで最近、前橋泥流に関して利根川右岸の吾妻川合流点付近の子持村（現渋川市）では、鯉沢バイパス改築工事に伴う一連の発掘調査によって重要なデータが得られている。吹屋遺跡では、利根川を逆流し台地にオーバーフローした泥流の堆積が確認された（斎藤2007、株式会社古環境研究所2007）。特に重要な点は、前橋泥流がAs-BPグループのどの間に堆積しているのか具体的にセクションで調査されたことである。さらに、泥流とAs-BPグループの間層にはローム層の堆積も確認された。これまでの発掘調査では、泥流上部の土層堆積は確認できても下部は深すぎて発掘調査の手が及ばない未知の世界であったが、この調査により泥流とAs-BPグループの詳細な新旧関係が押さえられたのである。また、吹屋遺跡や吹屋犬子塚遺跡、さらには瀬戸内技法の良好な石器群が出土した上白井西伊熊遺跡など、吾妻川合流点付近の遺跡では泥流の上層から旧石器も出土しているので、この一帯の発掘調査成果は前橋泥流とAs-BPグループ、As-SPなどのテフラを活用した詳細な旧石器編年の構築に重要なデータを提供するとともに、泥流災害と遺跡分布・居住行動との関連を分析する上で重要なデータとなるはずである。利根川・吾妻川合流点付近は、泥流の発生時期・メカニズム・規模・破壊力・その後の利根川による泥流の開析・段丘形成、そして泥流災害と旧石器人の居住行動との関係を理解する上で重要な土地である。

　前橋泥流をはじめ浅間山・榛名山などのテフラや火山災害については、新井房夫先生をはじめ早田勉氏や竹本弘幸氏など地質学者が優れた研究を行っている。今後も地質研究と連携しこの地域の旧石器研究を行っていきたい。

　最後に、シンポジウムでの発表機会を与えていただいた主催者代表の比田井民子氏に感謝します。また、日頃からテフラ研究をはじめ地質学の視点から様々な御教示をいただいている早田勉氏、矢口裕之氏に感謝します。今回の発表が武蔵野台地IV下・V層上部段階の遺跡増加を分析する際の検討材料の一つになれば幸いである。

参考文献

石坂　茂・岩崎泰一 1998『国道353号道路改築（改良）工事に伴う埋蔵文化財調

査報告書第 2 集　白井北中道 II 遺跡・吹屋犬子塚遺跡・吹屋中原遺跡　第 2 分冊（旧石器・縄文時代編）』　財団法人群馬県埋蔵文化財調査事業団

大木紳一郎編 2001『徳丸仲田遺跡（1）―縄文時代草創期編― 北関東自動車道（高崎～伊勢崎）地域埋蔵文化財発掘調査報告書第 4 集』　財団法人群馬県埋蔵文化財調査事業団

株式会社古環境研究所 2007「群馬県、吹屋遺跡の火山灰分析および年代測定」『吹屋遺跡 ――一般国道 17 号（鯉沢バイパス）改築工事に伴う埋蔵文化財発掘調査（その 2）報告書第 2 集―』　財団法人群馬県埋蔵文化財調査事業団

小菅将夫 1994「II 期―BP 降下期の石器群―」『群馬の岩宿時代の変遷と特色　予稿集』　笠懸野岩宿文化資料館・岩宿フォーラム実行委員会

小菅将夫 2004「石器群の移り変わり」『群馬の旧石器』　みやま文庫

斎藤利昭編 2007『吹屋遺跡 ――一般国道 17 号（鯉沢バイパス）改築工事に伴う埋蔵文化財発掘調査（その 2）報告書第 2 集―』　財団法人群馬県埋蔵文化財調査事業団

早田　勉 1990「第 1 章第五節―後期更新世の地形発達史」『群馬県史 ―通史編 1―原始古代 1』　群馬県

竹本弘幸・久保誠二 1995『群馬の火山灰』　みやま文庫

中村正芳 2003「第 I 章三 2 高崎の台地をつくる地層」『新編高崎市史通史編 1 原始古代』

野口　淳・林　和広 2007「武蔵野台地立川面における後期旧石器時代遺跡形成のモデル」『多摩川流域の考古学的遺跡の成立と古環境復元シンポジウム　土と遺跡時間と空間　予稿集』　多摩川流域の考古学的遺跡の成立と古環境復元研究会

吉田英嗣・須貝俊彦・坂口　一 2005「利根川・吾妻川合流点付近の河川地形発達に及ぼす前橋泥流イベントの影響」『地理学評論』第 78 巻第 10 号　日本地理学会

武蔵野台地における旧石器時代の遺跡立地と地形

伊藤　健

1. 遺跡立地に対する考え方

　本テーマは、武蔵野台地の旧石器時代において、地形と遺跡立地の間に相関関係が認められるかです。すでに、野口淳さんと林和広さんが武蔵野台地南西部、そして加藤秀之さんが北西部についてお話ししています。そこで、私は北東部、南東部を中心に遺跡立地の特徴を検討します（第1図）。

　従来の遺跡立地に対する考え方と言えば、小河川に沿った見晴らしの良い高台に多いと考えられてきました。その代表が野川上流域です。比高差10

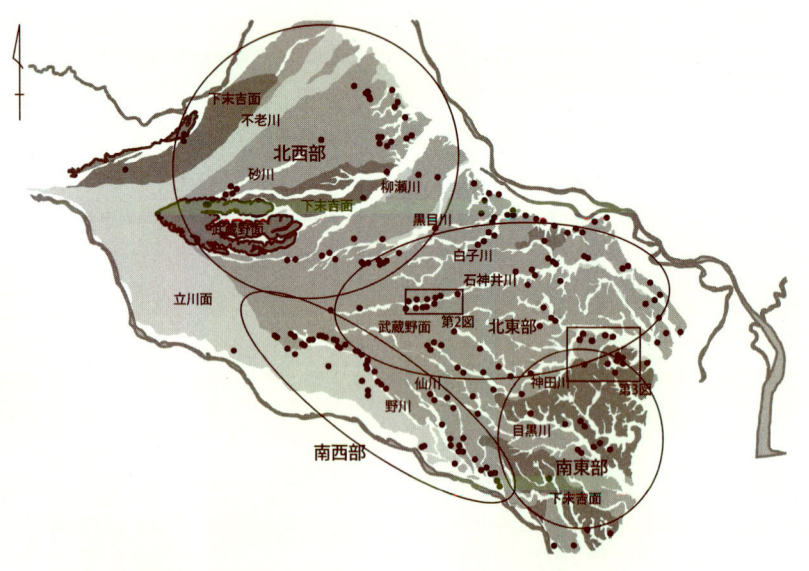

第1図　武蔵野台地の地形面区分と後期旧石器時代遺跡（伊藤ほか2001をもとに作成）

m以上の国分寺崖線の上、武蔵野面に多く立地しています。崖線の下には野川が流れ湧泉が多量に湧く、そうした景観が、武蔵野台地における遺跡立地の典型例と考えられていました。

しかし、武蔵野台地でも野川上流域以外の地域で発掘が蓄積されてくると、様々なことがわかってきました。第一、野川流域のように大きな崖線を持つ地形は、他にあまりありません。多摩川の段丘形成によって成立した地形は国分寺崖線の特徴であり、柳瀬川、石神井川、神田川などの河川流域は、扇状地形に形成された古多摩川の名残川の則ったものであったわけです。野川流域の地形が典型例でなかった上に、それ以外でも多くの遺跡が発掘されました。

そうした従来の遺跡立地にない条件で発見された好例が、加藤さん、野口さん、林さんが発表した北西部、南西部の遺跡に相当するわけです。小河川流域でも高台でもない立地から遺跡が発見され、従って従来の遺跡立地に対する考え方は見直さなければならなくなりました。では、どういうところに立地するのだろうか。それには、本シンポジウムでまだ検討していない地域があります。北東部と南東部です。

第1図に示すとおり、武蔵野台地北東部は、北側から順に白子川、石神井川、神田川という西から東へ向かう河川が並びます。これらは、元々古多摩川の流路だったものの名残りで、その流路には水流があったのでロームは堆積せず、その周辺では武蔵野・立川ロームが堆積したので河川のみが谷地形になったということができます（久保1988a）。

一方、南東部は行政区分では千代田区、港区、品川区、大田区などに、地形面では下末吉面に相当します。北東部側が古多摩川の流路であった期間も流路となることなく台地として取り残されました。そのため、ローム下位に礫層はなく粘土層が堆積しています。従って、谷は方向性を持つことができずに、樹枝状の細かい谷が縦横無尽に色々な方向に向って形成されました。この範囲は都心ゆえビルだらけですが、よくもこうした山と谷の繰り返しの地形にビルが林立しているものだと思います。これらの地形についての考え方は、羽鳥謙三先生の著作に拠っています（羽鳥2004）。

III 遺跡復元と空間的分析

2. 武蔵野台地北東部

　北東部の中でも、神田川及び石神井川を中心に検討します。久保純子先生は1988年のその地形的特徴を論じた論文で、河川を上・中・下流に区分しました（久保1988a・1988b）。上・中・下流では谷の形状が異なります。

　上流では、河床が武蔵野礫層の上に載り、ローム層の層厚約6mがそのまま谷底と段丘上の比高差になります。従って、3〜2万年前は比高差が約4〜5mになりますが、上流域ではどこでも一定です。また、川の両岸はローム層が堆積するので谷の断面形は左右対称です。

　中流は、概ね山手通りより東側に相当します。中流では、河床が武蔵野礫層よりも下刻します。これは、約2万年前の最寒冷期の海面低下に伴って、現東京湾である古東京川につながる河口で河川が現在より60m程度位下刻するからです。古東京川との連結部に60mの滝ができるわけではありませんから、河川は中流域から徐々に下がっていくことになります。そのため、中流では武蔵野礫層を削り込む結果になりました。その過程の中で、低位段丘が形成されました。ただ、その低位段丘は、神田川では右岸にしか認められません。

　下流は、神田川では飯田橋や秋葉原付近に相当します。中流と同様に低位段丘が形成されましたが、縄文海進によって堆積した沖積層が、2万年前の河床と低位段丘を埋没させました。

　では、遺跡はどのような地形に立地するのでしょうか。まず、上流域について。石神井川の富士見池周辺では左右両岸の武蔵野面と富士見池の比高差は約6mで、遺跡は武蔵野面上の池に直面したところに分布します（第2図）。特に、天祖神社東遺跡、武蔵関遺跡などのように右岸に多く分布します。神田川の源流である井の頭池でも、同様に池へ直面した武蔵野面に立地します。富士見池と井の頭池は似たような景観で、地形の特徴も類似しています。従って遺跡立地も同様です。ただ、井の頭池が人出の多いデートスポットであるのに対し、富士見池は住宅地の中のジョギングコースだという違いがありますが。

　次に中流域について。先ほど述べたとおり河川に沿って高位面である武蔵

174

武蔵野台地における旧石器時代の遺跡立地と地形

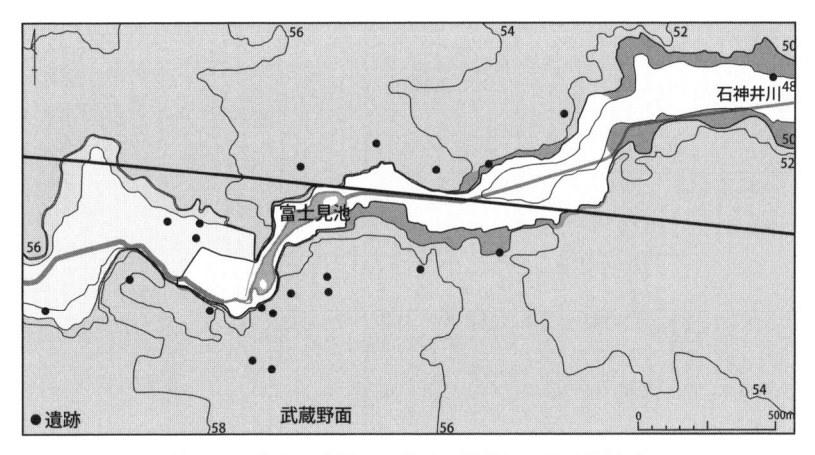

第2図　富士見池周辺の地形と後期旧石器時代遺跡

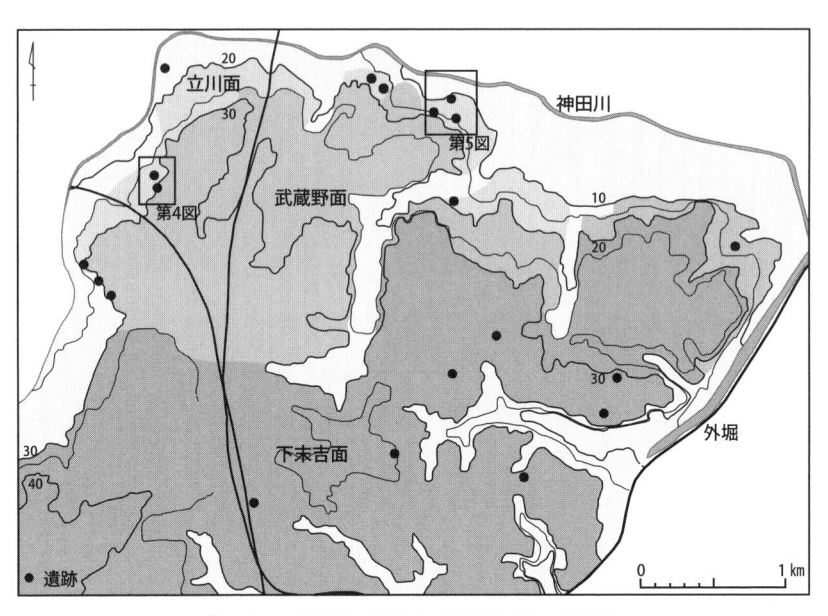

第3図　新宿区の地形と後期旧石器時代遺跡

175

III 遺跡復元と空間的分析

野面と低位面である立川面が形成されていますが、遺跡は立川面に立地する傾向が看取されます（第3図左上側）。第4・5図は新宿区百人町三丁目西遺跡と下戸塚遺跡（早稲田大学安部球場跡地）の遺構分布図を示したものです（パリノ・サーヴェイほか1997・2001、久保ほか1996）。河川に向って複雑に低位面と高位面が形成されていますが、遺構は主に低位面、即ち立川面に属します。ただ百人町三丁目西遺跡では、ステージ3からステージ2に向けて小支谷が埋積していきますが、谷が埋積するとその地に遺構が形成される、地形の安定後に川に向って生活痕跡が進んでいくという傾向が確認できます。

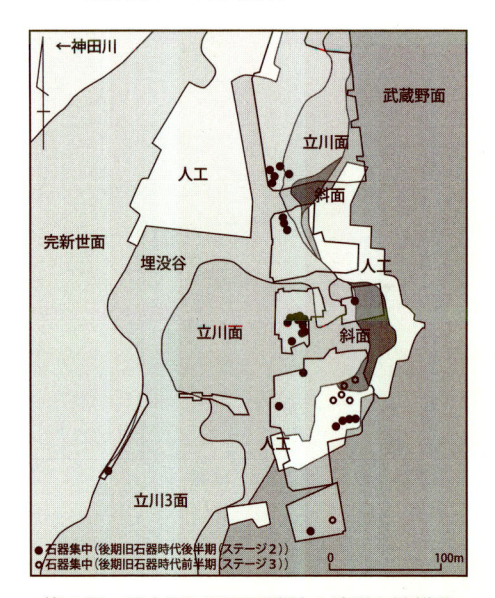

第4図 百人町三丁目西遺跡の地形と遺構分布（パリノ・サーヴェイほか1997・2001をもとに作成）

　さて、神田川中流域では遺跡は右岸に立地し、左岸には認められません。左岸には立川面が形成されませんので、神田川と武蔵野面との段差は急激です。下戸塚遺跡の対岸の文京区目白台に胸突坂という急な坂があります。早稲田大学男子学生が日本女子大学の学生のところに通う際に登る坂だと聞いたことがあります。10m以上の比高差があります。こうした地形には遺跡分布が認められないのでしょうか。

　最後に下流域について。この地域では遺跡は発見されていません。立川面は沖積層下に埋没していますが、あるいは埋没地形内に分布している可能性も考えられます。

　このように北東部については上・中流域で遺跡立地が異なりますが、川に直面した、谷に直近する面に遺跡が立地することが確認できます。

176

武蔵野台地における旧石器時代の遺跡立地と地形

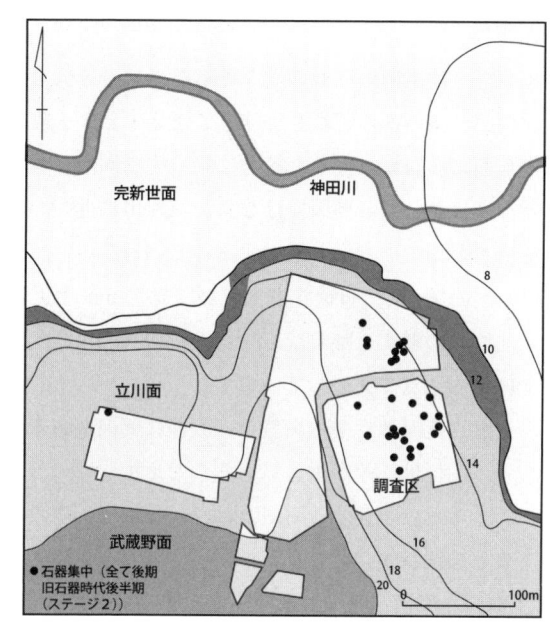

第5図 下戸塚遺跡の地形と遺構分布（久保ほか1996をもとに作成）

3. 武蔵野台地南東部

　南東部は千代田区、港区、品川区、大田区などの下末吉面が主たる範囲ですが、遺跡分布はよく分かっていません。江戸時代の遺跡は多く発見されていますが、旧石器時代の遺跡は大変少なく立地傾向を理解することができないのです。例えば千代田区と港区では、報告書が刊行されている旧石器時代遺跡は各1例しかありません。そこで、そうした中で最も多くの遺跡が調査された新宿区について検討します（第3図右下側）。

　新宿区は千代田区や港区と比較すると谷の入込み具合は比較的緩やかですが、谷が樹枝状に形成されている点は他と変わりはありません。遺跡は、谷頭からは離れた台地の奥に立地しています。北東部のように谷に吸い込まれるような近い位置に立地することはありません。ただ、その要因を解明するには至っていません。谷頭の縁辺は武蔵野台地北東部のように平坦ではありませんので、そういう所には立地しづらいのかと考えることもできます。

III 遺跡復元と空間的分析

4. 遺跡立地の規則性

　武蔵野台地北東部・南東部の二つの異なる遺跡立地の特徴を見てきました。また、それに北西部、南西部の特徴を加味して考えると、一般的に遺跡立地は谷の直上の段丘面に、谷崖に接した箇所に集中する傾向が看取されました。即ち、高台かどうかはさしたる要因ではなく、ただ川に近い。川から離れると全くなくなる、また川の中ですと氾濫するのでいけないと。野川上流域では川から10m強上位の崖上、石神井川上流域では約6m上位、一方で加藤さんが発表した北西部の野水遺跡では比高差1〜0.5mでしかないのですが、いずれも一段上位という点で共通しています。

　このことは、遺跡立地が地形や比高差そのものに要因があるのではなく、河川など水環境との関係性こそが重要であることを示していると考えられます。そのように考えると、現存する河川だけではなくて、埋没小河川、野水、湧泉そして地下水との検討が必要になります。今我々が見ている水環境ではなく、2・3万年前の水環境、河川の水量、その季節的変動、湧泉の湧水量、そうしたものの復元が今後の課題です。大変難しい課題ではありますが、地下水が一つのポイントになると考えています。元より地下水は10・20万年前の地層に支えられており、その意味で2・3万年と現在ではあまり変わっていない可能性が高かろうと。一方で、現況の地形から判断できる要素として、遺跡立地段丘面形成における谷との比高差、その傾斜角度を比較することも必要です。

　そして最後に、こうした観点に注目すると未発見の遺跡がある可能性を追求しなければなりません。先ほどから述べている野川の源流は国分寺崖線から武蔵野面に入り込んだところにありますが、さらにその上流に凹地地形が認められます。それは石神井川でも見られ、鈴木遺跡の上流に凹地地形が認められます。JR武蔵野線新小平駅は1985年に大雨の影響で水没し復旧まで2ヵ月を要しました（羽鳥1999）。それはその凹地地形であったわけです。こうしたところには遺跡は発見されていませんが、北西部の事例を考えるならば、大規模遺跡ではないものの遺跡が発見される可能性があると考えます。

　一方で、遺跡立地の条件を満たしながらも本当に遺跡が認められない箇所

があるのも事実です。そうしたことを加味しながら遺跡立地の問題を、先ほどの関口さんの発表のように火山災害など様々な要因の中で、要素を一つ一つ分解して理解しなければならないと思います。

参考文献

伊藤　健ほか 2001「遺跡資料の集計」『多摩川流域の段丘形成と考古学的遺跡の立地環境』 とうきゅう環境浄化財団

伊藤　健ほか 2006「武蔵野台地における後期旧石器時代遺跡立地 ― Geoachaeology の視点―」『日本第四紀学会講演要旨集』36　日本第四紀学会

伊藤　健 2007「後期旧石器時代初頭期における武蔵台遺跡の遺跡形成と地形環境」『國學院大學考古学資料館紀要』第 23 輯　國學院大學考古学資料館

久保純子 1988a「相模野台地・武蔵野台地を刻む谷の地形 ―風成テフラを供給された名残川の谷地形―」『地理学評論』第 61 巻　日本地理学会

久保純子 1988b「早稲田大学の地形 ―武蔵野台地と神田川の非対称谷に関連して―」『早稲田大学教育学部学術研究（地理学・歴史学・社会科学編）』37　早稲田大学教育学部

久保純子ほか 1996『下戸塚遺跡の調査　第 1 部旧石器時代から縄文時代』 早稲田大学校地埋蔵文化財調査室

羽鳥謙三 1999「武蔵野扇状地における 1991 年降雨による地下水溢水現象」『関東の四紀』17　関東第四紀研究会

羽鳥謙三 2004『武蔵野扇状地の地形発達 ―地形・地質と水理・遺跡環境―』 地学団体研究会

パリノ・サーヴェイ株式会社ほか 1997『百人町三丁目西遺跡 III』 新宿区百人町遺跡調査会

パリノ・サーヴェイ株式会社ほか 2001『百人町三丁目西遺跡 V』 財団法人新宿区生涯学習財団

IV 成果と展望

討　論

司会：比田井民子・伊藤　健

　比田井：それでは、質疑応答の時間となりましたので、皆様、ご着席をお願い致します。

　長時間報告をお聞きいただいたのですけれども、その中でいろいろ皆さんのご専門の立場として、これだけは聞いておきたいというようなことが多々あったと思うのですが、この時間まで、お待たせして申し分けございませんでした。質問のほうはいかがでしょうか。

　それでは、こちらから指名させていただきまして、いろいろなコメント、ご助言をいただけたらと思います。初めにお断りしておくのを忘れていましたが、今回のシンポジウムに関しましては音声で記録をとっており、後日、今日会場に来ていらっしゃいます六一書房さんのほうから記録集ということで出版をする予定となっております。

　いやそういうのは困るという方が居られましたら口チャックでも結構ですし、ここは大いに喋りたいということがありましたら、はりきってコメント等いただけたらと思うのですが、よろしくお願いいたします。

　まず、鈴木次郎さんコメントをお願いできますでしょうか。

　鈴木：かながわ考古学財団の鈴木です。

　コメントということですが、今日一日、遺跡の立地や層位の問題など、若い方がいろいろと検討していることを聞かせていただき、大変勉強になりました。その中で、前半の層位の問題についてコメントさせていただきます。

　予稿集には、私どもがかつて発表した「ビーナスライン」も挿図として掲載してありますが、武蔵野台地や相模野台地の旧石器時代の遺跡は、その多くが層位的に文化層が重複して発見されるいわゆる重層遺跡です。この場合、

IV 成果と展望

石器が上層から下層にかけて連綿と出土するわけで、相模野台地では、その他の台地に比べて立川ローム層が厚く堆積しているため、文化層の層位的な区分が比較的容易なケースが多いのですが、こうした相模野台地においても、特に重層遺跡の調査の発端となりました月見野遺跡群の例をとりますと、上層から下層まで石器が切れ目なく出土し、文化層が何層あるのか、各文化層の（石器群が残された）層位をどこに比定すべきなのかということが根本的な問題になるわけです。もちろん、一つには礫群という通常の遺跡では唯一ともいえる遺構がありますので、通常はその礫群の発見された層位を文化層の層位として捉えるわけですが、それではその文化層に伴う石器をどこまで捉えるかということが問題となるわけです。このため石器の平面分布だけではなく垂直分布の検討も行っているわけですが、この場合、単純に垂直分布だけをみた場合、やはり切れ目なく石器が出土しておりますので、どこからどこまでが同じ文化層の石器として捉えうるのかということになります。西井さんのレジュメの12頁（当日予稿集）をご覧いただきたいのですが、この左上に標準的な垂直分布モデルと、文化層が重複した場合の垂直分布モデルを示してあります（本書43頁第4図）。文化層が近接して重複している場合には、当然、図の右側のような状態になりますので、この場合、文化層をどのように区分するのかということが問題になると思います。私どもがこれまで行ってきた方法としては、まず、客観的に同時性が保証される資料に限定して分析しております。具体的にいえば、個体別資料あるいは母岩別資料と呼ばれる石器、これは同じ原石母岩から打ち割った石器で、大半がその場所で短時間に作られたものですから同時性が保証される資料です。まずこうした石器でこのモデルに当てはめてみるわけです。つまり個体別資料単位で出土石器の垂直分布の分析を行うわけで、各個体別資料の石器の垂直分布のピークを捉え、遺構（礫群）との層位的な関係をおさえて石器が残された層位を捉えるわけです。もちろん遺跡から出土する石器のすべてが個体別資料として複数の石器から構成されるわけではなく、中には単体資料といいますか母岩を共有する石器を他にもたない石器もあるわけで、こうした石器については、本来どの層位に残されたのか客観的に捉えることは出来ないわけです。

討論

　こうした石器につきましては、個体別資料単位の分析により層位を捉えた石器との石材や型式学的な検討を経てどこに帰属するのか検討する以外に方法がないわけでありますが、石器群の層位学的な検討はこのように行ってきたわけです。

　このような層位学的な検討というのは、神奈川においては、縄文時代においても同様に有効でありまして、縄文時代の遺物包含層といいますのは、富士黒土層とその上層に相当するわけで、神奈川ではやはり相当厚く土層が堆積しておりまして、縄文土器の編年が分からない場合には、型式学的に分類した土器群の垂直分布を捉えることによって層位学的に型式の編年が推定できるということも可能であります。

　このシンポジウムの中では、藤田さんは多聞寺前遺跡の問題をいろいろ検討しておりましたが、これまで申し上げた方法で分析してみることも（報告書のデータをもとにしてこうした分析が可能かどうか難しいとは思いますが）有効ではないかと思います。

　以上、少し長くなりましたが、層位についてコメントさせていただきました。

　比田井：どうもありがとうございました。

　月見野遺跡調査以来のご研究の成果といたしまして、改めてその時の手法というのが今日的な調査の中で生かされることが必要ではないかというようなコメントをいただいたというふうに認識しました。

　それでは続きまして菊池強一先生、お願い致します。

　菊池：突然のご指名で、大変恐縮しております。

　上條先生の赤スコ、黒スコのお話は、1986年の関東平野研究会第四回巡検・シンポジウムに当時参加した者の一人としては、あの時の熱い思いがちょっとよみがえっております。それから、考古、第四紀学双方からですね、ねつ造以降の新生の日本考古学のスタートが、下原・富士見町遺跡をはじめとして着実にいま進行しているということを実感しております。

　その中で、久保先生がお話になっておられた OIS 3〜2 のところのギザギザと先生おっしゃいましたが、ダイナミックな立川面の地形編年と立川の旧

IV 成果と展望

　石器時代各文化層の生活面の層準の収斂といいますか、どの層が立川1の地形面に対応していくのかというですね、比田井さんも、おっしゃっているわけですが、例えば、IX層、X層、XI層のイモ石を始めとする水との関係の問題です。それからBB2の崖から直下のちょっと砂っぽいところです。立ち替る部分の中に、水性層とそれから風成層とはっきり2つ分かれているわけですね。

　富士見町遺跡でも、エーツーエスジーの場合は段丘礫層の上に砂層があってちょっと泥っぽいところにマッドクラックが見えるんですね。砂の入っているようであっても、野口さんのパブリック解析をかけてオリエンテーションがあるかどうかしっかりみておられるんですが、現場で拝見してもそれはインボリューションがないと、水つきなのにそこのところに、マッドクラックの上に石器が散在方で入っているのが見られました。ところが、先ほど鈴木さんがおっしゃられた、立川ロームの中の風成ロームの中の生活面の決定はビーナスラインをまず一つの現象としてとらえて、重いものはあるところに揃うとのことです。小田さんがやられたような炭のドットをとり、遺物も全点ドットを落としてビーナスラインを、修整していくこともありました。その時私は、どういうことを思っていたかというと、やはり堆積学上の、つまり生活面を考古のほうから追いかけるには、どの地形面の、どの層準か、文化層の層準を決めながら生活面の層準を決めるときに、堆積学的に基底礫のように下から上に、重いものから細かくなっていくこともあります。

　さきほど言われたスコリアは、下のほうの砂っぽいところではとげとげの角が消えて丸っこくなってる可能性はどうか、これさっき比田井さんがおっしゃった、風成ロームの中の小礫がみられるのと関係するのか。

　そういう、報告書には以外とのっていない地質現象、堆積学的な現象と考古学的な遺物のブロックの総合的な解釈がようやく始まるなという感があります。ですから広い立場から、久保先生のステージ3から2への変遷の地形面の編成と考古学から提示する、そういうはっきりと地質学的に考古学的にこれは地表面だ、生活面であるという事実をつき合わせて、立川、武蔵野、多摩のですね、地形面変遷の中に、新しい生活面変動を入れられる段階が、

いま始まったなという感じです。

比田井：どうもありがとうございました。また、これから岩手県の調査等の中で、先生がご研究をされて、またこちらと地形、地質に関する意見交換ができればと思っております。それでは、次に吉留秀敏さんコメントをお願い致します。

吉留：福岡市教育委員会の吉留です。こうした場で発言するのは実に恥ずかしく、私には無理かと思いますが、感想なりを少しお話しさせて下さい。

私は30年ほど前に鈴木遺跡の発掘調査に参加させて頂きました。関東の地質環境をみる最初の機会でしたが、当時関東地域の調査研究は、日本の旧石器研究を牽引する役割を果たしていました。私はそうした調査研究法をぜひ九州にも反映させたいと思っていました。今回この会に参加させて頂き、改めてその後の研究の進展や調査技術の現状を知ることが出来ましたし、多くを学ばせて頂きました。ぜひ九州へ持ち帰りたいと思います。振り返りますと、九州地域の旧石器時代研究、調査技術についてはまだまだレベルの低さを感じてしまいます。

私は1970年代以降、各地の旧石器時代遺跡の調査、見学を続けてきましたが、今居る福岡ではこの時代はなかなか遭遇できません。弥生・古墳時代の事ばかりやっています。旧石器時代の資料にはたまにしかお目にかかれません。

さて九州は小さな島ですが、旧石器時代石器群の内容は多様で、4つの顔を持っています。また、岡山にいた頃に始めた中四国旧石器談話会での研究の成果として、中四国地域は3つの顔つきを持っていることがわかりました。皆さんご存じとは思いますが、狭い範囲でありながら、地質環境と石材環境が複雑に絡み合っている地域です。なんとか西日本全体で時空の網の目を作って行く作業をしたいと思っていますが、あまり進んでいないことにもどかしさを覚えます。

九州の4つの顔は、まず南九州です。火砕流と、かつ大量の火山灰層に覆われた地域です。関口さんが話された大規模な地形変化をもつ地域です。一方風化火山灰層が安定して堆積する中・東九州地域があります。そして大陸

IV 成果と展望

起源のレス層と火山灰層が入り混じる西九州です。私の居る福岡はほとんど火山灰風化土が発達せず、レス層や基盤風化土壌、水成層などで構成されています。段丘上には阿蘇4火砕流（日久保さんによると8万5千から9万年前の形成だそうです）が堆積し、その上部にせいぜい80～30 cm の土壌しかありません。その厚さの堆積物に8～9万年間のものが集約している訳ですから、それを分層してどうのこうのという話はほとんど不可能です。ただしこうした状況下でもすこし注目していることがあります。

話が少しややこしくなりますが、福岡市では年間400件ほどの試掘調査、80件前後の発掘調査を行っています。調査は阿蘇4火砕流上面を検出基底面として、その面に残された遺構を調査しています。当然ですが、旧石器時代遺跡はほとんど見つからない。台地縁辺に僅かに残された上部の風化火山灰層やレス層中にたまに遺物を見つける程度なのです。そうした遺物とは別に弥生時代以降の遺構、いわば攪乱中にたまに旧石器時代遺物が混ざっています。そうした遺物をチェックしてみますと、今の段階で市内に223地点を確認しています。個々を面積的にみるとこちらでいう「非常に狭い範囲」ですから、遺跡と認定できるかはともかく、遺跡数だけみると相当な数となります。

阿子島先生の話を聞いて、70年代にセトルメントパターン、北海道の常呂パターンなどの概念が提示され、九州でも当時盛んに用いられたのを思い出しました。また加藤さんが話されました遺跡分布の中で、大規模遺跡とか小規模遺跡とした区分がございました。私が思いましたのは、たしかに鈴木遺跡などは大規模遺跡でしょう。しかし示されたブロック単体、あるいは石器器種組成の少ない遺跡は小規模遺跡でしょうか。私は小規模遺跡ではなく中規模遺跡とすべきと考えます。福岡あたりを見渡しますと、石器が1点、あるいは数点程度のさらに小規模な遺跡も多数ありそうだと思うからです。

ですから、石器群を通じてさまざまな人類の活動を明らかにするのであれば、石器製作の場所だけが活動範囲の全てではないはずです。狩猟活動とか様々な生産活動を復元するためには、石器製作場所だけで話をするのはやはりかたよった解釈になるのではないかという気がします。福岡地域は貧しい

堆積環境や遺跡の構成ですが、面的にかなりくまなく旧石器時代資料をみて行くことが可能なのです。石器資料を通じてみると、おそらくこの関東地域にも大規模遺跡あり、中規模遺跡あり、そしてまだ探索が困難とは思いますが、石器数がごく僅かな「小規模遺跡」もありうると思います。

野口さんが発言された遺跡調査区外、遺物のない場所の調査と言いますか、石器が1点しかでなくても実は重要な遺跡かもしれません。特に台地の縁辺など、大・中型獣などの動物群の移動など見張りが可能な場所などは、狩猟・採集活動との関係で旧石器時代の復元を考える上では重要ですし、そうした小規模遺跡を含めて新たなセトルメントパターンと言いますか、遺跡論や研究も必要ではないかと思います。福岡地域は非常に調査研究の貧しい地域ではありますが、今後遺跡論を展開する上で参考になることがあるのではないかと思っています。

比田井：吉留さん、どうもありがとうございました。

こちらの関東のほうにもなかなか入らない福岡平野の状況についてお話いただいてありがとうございます。また、こういう実情も今後の我々の遺跡立地の問題に反映出来るかと思いますので、またよろしくお願い致します。

それでは、野尻湖周辺の地形、地質から遺跡の問題に取りくんでおられます、中村由克さん、コメントお願い致します。

中村：野尻湖ナウマンゾウ博物館の中村です。

私、もともとは地質学を勉強して、考古学に入りましたが、その時野川流域の遺跡の発掘を見せていただいたりして、30年前に見てきたことが、今日遺跡立地の多面的に検討出来る段階になっているというお話をお聞きして非常に心強く思いました。一番最初、遺跡立地の話では、白石さんから、湖沼周辺の遺跡の立地という指摘もされておりましたけど、河川流域のものに加えて、石材産地などさらに総合的に話をもっていけるとおもしろいと思いました。

もう一つ、私、つねづね思っているのは、遺跡というのは土の中に入っており、遺物も土や石でできておりますので、これは考古学として研究するだけではなくて、やはり地形学だとか地質学から研究するというのも重要な分

IV 成果と展望

野になると思います。

　そういう意味で、本日のシンポジウムというのは、ジオアーケオロジーを意識してかなり考古学と地形地質という観点でこれまで皆さんががんばってこられたということを感じました。その中の一つの方向性として、地形環境の変遷については、現在日本でも皆さんがかなり注意を払っておられますが、もう一歩進んでさらに遺物が堆積物である、その堆積物としての検討をこれからやっていくと、さらに幅広い学問になっていくんじゃないかと思います。その一例として、本日のお話にあった旧石器文化編年の基礎となるものが、石器集中部ごとの単位として考えていくという方向性が最近だされてきて、それで若い人たちを中心として石器群の分析をおこなっているというお話がありましたけれど、その中でそれぞれの遺跡ごとに同じ層位といっても、在り方のちがいがある、出方のちがいがあるということが指摘されていました。これはとりもなおさず、遺跡形成過程にちがいがあるということですので、やはり石器群を研究する場合には、遺跡形成過程を研究するということが必要になると思います。それが編年ですとか遺跡立地の研究の基礎になると思いますけど、そのなかでは遺物に対してやはり、それを堆積物として検討する、例えば現場においては出土状況を検討するあるいは私が最近やってます、石器の磨耗度で、整理をしている段階でも石器の履歴を検証出来るというような方法もあると思いますので、そういうようなことをこれからやっていくことが必要だと改めて思いました。

　そういうことで本日はあらたな段階の研究が進んでいるということを、強く感じました。どうもありがとうございました。

　比田井：中村さんありがとうございました。中村さんがご指摘されておりますように、まさに土壌中の遺物の堆積というものが、本来はどういうものであったかという観点は私達も最も注目しているところであります。特にこのシンポジウムの中で考えましたのは、従来のⅣ上、Ⅳ中、Ⅳ下と、それからⅣ上1、Ⅳ上2とか細分されているものが本来的には土壌中にどういう形であったのか、そのところの再検証ということも今回の研究の一つの目的であったわけです。

討 論

　それでは火山灰のほうの、火山ガラスのご研究を長く続けておられます、宇津川徹先生コメントをお願い致します。

　宇津川：東京農工大で、土壌地形学を研究しておりました。今から 30 数年前、南関東地域の遺跡土壌を調査し、採取試料（主にテフラ）の理化学分析をおこない、環境復元や材料粘土の給源地の推定などをおこなってきました。

　今回、「土と遺跡」というテーマでありますので、大変興味をもって参加致しました。

　土壌学の領域から考古学へどのくらい貢献できるかを当初から意識しておりました。土自体を分析し、土壌学的データから遺跡土壌のことを全て把握することは大変難しいと考えます。また、土壌学的知識（様々な分析資料）から考古学へお返しできるようなそれだけの力量というのが、土壌学領域にはないのではないかという気が致します。ですから、少しずつ土壌学自体が積み重ねてやらなければない領域があると思います。私がこれまでに、遺跡土壌中の一次鉱物から南関東地域を分析してきた状況から申し上げますと、最初の頃は、現場では、関東ローム層中の立川ローム層と武蔵野ローム層の境目がよくわからなかったことから、土壌鉱物分析をやっていた私に依頼がありました。南関東では一次鉱物中のカンラン石の量比というもので、一つのカーブが描ける。また、一次鉱物中の風化粒子の量比によっても、両ローム層の境界付近の見当ができるようになってきたのが、70 年代の始めでした。

　1976 年、岩波書店の「科学」に、町田洋・新井房夫両先生が広域火山灰（始良 Tn 火山灰、AT）を発表されて、その後は AT を鍵層として、遺跡の土層の層位区分と対比をおこないました。

　最初、土壌層位学的に 10 cm、15 cm 単位で採取した試料から火山ガラスを見ておりましたら、黒土層付近のところに UG と呼ばれるカマボコ状の厚みのある火山ガラスや表面に無数の泡が入った火山ガラスがあったりして、まだ、よくわかりませんでした。さらに、立川ローム層に今まで見たことのないような扁平の火山ガラスが出てくることから、密集層（ピーク）を層位で決定するため、途中から連続サンプルを 5 cm ごとに採取しました。特に、

IV 成果と展望

給源火山が遠く南九州の鹿児島からもたらされたATが、立川ローム層の埋没腐植層と関係することを指摘しました。それは1979年のことで、第四紀学会の福島大会でした。

その後、火山ガラス自体に様々な形態があること、火山ガラスの屈折率測定、火山ガラスの元素分析などと科学分析がおこなわれるようになりました。考古学の方々も広域火山灰を示標とすることで、年代決定に役立てておられるのだなということが、遺跡現場に入るとよくわかりました。もちろん、私も南関東や北関東の火山灰の対比に大いに利用してきました。

1980年代に入りますと、土壌学の方々も遺跡調査に参加されるようになりました。以前から、静岡県の遺跡発掘調査をされていた静岡大学の加藤芳朗先生や岡山の遺跡土壌を調査された日本大学の松井健先生が土壌学的見地から遺跡にアプローチされ、「土と遺跡」との関係を詳細な理化学分析資料から報告されました。さらに、以前、東京農工大学におられた坂上寛一先生がやられた遺跡土壌の腐植の資料を、今日、比田井さんがC／N比を使用し、肉眼で判別できない埋没腐植層の存在を確認されていることをお聞きしますと土壌学もお役に立っているのかなと感じました。

また、関東平野では、北関東の火山灰（テフラ）の特徴と南関東のテフラの特徴をより細かく研究する必要があります。今回紹介されたテフラ中のスコリアの形態の電子顕微鏡（SEM）観察はより有効な手段だといえます。私も1982、1983年頃に、第四紀学会で青柳ローム層中のスコリアの電子顕微鏡観察について発表しましたが、物質の変質状況を把握する手段としては物質表面や内部構造の比較が、遺跡土壌の堆積環境を決定すると考えております。物質を見る一つの方法としての電子顕微鏡写真が、これから少しずつそろっていけば、遺跡環境・遺跡の立地などを考える意味で使えるかなと考えています。私は面白いなと思い、現在ソフトローム層とハードローム層の波状帯を、細かく数センチオーダーで採取して、電子顕微鏡の観察を徹底的におこない、その成因や特徴をつかみたいと、明治大学が調査している下原・富士見町遺跡で実施しております。ソフト・ハードロームの問題は、土壌学的・地形学的・地質学的、そして考古学的にもその成因などがまったく解決

討　論

していないのが現状です。土壌鉱物学的に何か言えないかなと思って、これから挑戦していきたいと考えています。

　最後に、ソフト・ハードローム層を考えておりますと、やはり、旧石器との関係が気になります。遺物を包含している層から、何か、環境などを教えてくれないかなという期待があります。

　考古学のデータから土壌環境を考える示標を提供していただけたらと、「土と遺跡」のシンポジウムに参加した次第です。

　比田井さんや野口さんを含めた旧石器を研究されている方々が地形学・地質学に対して非常に熱心に勉強し、また、現場で得た土壌学的、地形・地質学的な知識を用いて、考古学をより深めていこうとする姿勢とその実践に改めて、今日のお話を聞き感銘した次第です。どうも失礼しました。

比田井：ありがとうございました。確かにソフトロームとハードロームの境の問題など今考古のほうでは視覚的なところでの区分ということでずっときていると思いますが、宇津川先生のこれからのご研究の中でその辺のところがもっと自然科学的な傍証をもって分けられるというような成果が出るのかもしれないなと、そんなことも感じております。

伊藤：もう少し何人かの方にコメントいただきたいと思います。

　群馬県からいらっしゃった早田　勉さん。北関東地方の浅間山噴出の火山灰、テフラ等を研究されています。関口さんの発表で前橋泥流についての話題がありました。そうしたこと、また南関東地方のロームの話題についてコメントをいただきたいと思います。

早田：古環境研究所グループ火山灰考古学研究所の早田でございます。午前中、前橋で報告書を書いておりましたので、聞かせていただいた範囲でコメントいたします。その前に関口さんに確認ですが、北関東北西部における石器の出方で、暗色帯で石器が多く出る、AT期にはほとんど石器が出ないとおっしゃったのはII期で良いのでしょうか？　それから、As-BP（浅間―板鼻褐色軽石）期に石器は少しはあるけれどもしかすると多いのかも知れないとおっしゃったのはIII期、そして石器が多く出るのはIV期以降ということでよろしいのでしょうか？

193

IV 成果と展望

関口：暗色帯段階については小菅編年のII期を含みます（本書99頁第7図）。しかし、II期前半までです。小菅編年のII期は、武蔵野台地のVI層段階とVII層段階の両方を含み、II期前半をVII層段階、II期後半をVI層段階と細分して設定されています。今回の私の発表では、小菅編年のI期からII期前半までを暗色帯段階と設定しこの段階まで各地で遺跡が多く残されること、そしてII期後半をAT段階と設定しこの段階から遺跡が減少することを説明しました。III期はAs-BP段階に、IV期以降はAs-SP段階以降にそれぞれ対応します。

私は、遺跡分布を扇状地内つまり前橋台地の泥流下に想定しています。しかし、これまで発見された例がないのであくまでも想定です。赤城山南麓から見て、前橋泥流に覆われる以前の利根川扇状地は黒色安山岩・黒色頁岩の最短距離の石材採取地だったと考えていますが、さらに扇状地内にも進出して残された遺跡があったであろうと考えています。人口増加については、暗色帯段階の年代幅の中で遺跡分布をまとめていますし、居住行動との関係も想定しなくてはならいと思いますので、遺跡数の増加が人口の増加に結びつくかどうかは一旦切り離して考えていくことが必要と思います。

早田：じゃあ、以下オフレコで。よくわからないので、私が思っていたことを話させください。さっき関口さんがおっしゃっていた浅間山の山体崩壊は、As-BPグループの中に層位があります。私が何層目にあると言えるかもと期待しておられましたが、じつは、As-BPグループは一カ所だけで9層が見えるところがあり、さらにそれらとの関係がわからないものもあるようで、10層くらいはありそうです。それらの区別は新井房夫先生（故人）の分析測定技術をもってしても難しく、これからフィールドワークを行って、さらに詳細な分析データを合わせて、岩屑なだれを含めたテフラの層序を確立させるという段階にあります（浅間山の山体崩壊により発生した前橋泥流堆積物の層位は、As-BPグループのうち中部から上部にかけての層準にある）。

次に土壌の形成速度について考えてみます。私たちテフロクロノロジーをやっている人間たちは、火山灰土の形成速度はほぼ一定と思っています。しかし、テフラが関与していると必ずしも一定というわけではありません。

討 論

　32頁（当日予稿集）の図をごらんいただけるとわかりますが（本書93頁第1図、97頁第4図）、ATとAs-BPグループの間の土層の厚さは、浅間山のそばから赤城山麓にかけてほとんど変わりません。それから少しわかりにくいのですが、As-BPグループと白糸軽石の間のそれも、渋川市八崎と安中あたりでそう違わないようです。

　ところが、As-BPグループが挟まれている土層の厚さは、浅間山から離れるにしたがって極端に薄くなっていて、当然のことながら降灰の影響を大きく受けていることがわかります。As-BPグループのそれぞれのテフラはごく短時間のうちに降灰しているわけですから、この土層の形成速度は非常に早いわけです。すると、この土層に含まれる石器が少ないと言っても、実際の時間を加味して、他の土層を比較する場合にそう言って良いのか疑問に思います。

　さて、山体崩壊や岩屑なだれは壊滅的なことを引き起こす現象で、関口さんがおっしゃったように当時の人の生活の場を覆いつくしている可能性は否定できません。また実際、面積的に分布が広いことも事実なのでしょう。ただ、それにしても、岩屑なだれで埋没する直前の旧利根川扇状地上の人口密度が非常に高かったということになりはしないか少し心配します。

　火山学的にみれば、一般的には山体崩壊や岩屑なだれの影響は大量の降下テフラに比べると、さほど広範囲には及びません。さらに、山体崩壊の層位を考えると、むしろ石器が少ない時期は、浅間山の山体崩壊より前ではないかと思え、山体崩壊以外の要因も考えた方が良いのではないかと感じました。

　長くなってすみませんが、もう一点。私は、ここにいらっしゃる久保純子さんたちが大学院の時に、「テフラは続くよどこまでも…」と歌っていたのをよく覚えております。そのように、大規模な噴火が起きると、テフラは広範囲に堆積します。実際、32頁（当日予稿集）の図のように、群馬県と栃木県では、同じようなテフラが検出されています（本書98頁第5・6図）。ところが、茨城県ではほとんど見つかっていない。このようなことが、北関東と南関東の間でもあって、テフラの検出のされ方に地域間のギャップが認められます。ところが、北関東のテフラが南関東で検出される例はあるわけです。

IV 成果と展望

これからはぜひテフラの話をよその分野のことと思わずに、いろいろな報告をごらんになって、その理由を考えていただきたいと思います。

伊藤：ありがとうございました。群馬県は大変興味深く、今後様々なことがわかってくれば、武蔵野台地ともっと面白い比較ができるのかと思いました。

それでは、私たち武蔵野台地をフィールドとしている者が本テーマでシンポジウムを開いたというのも、一つには相模野台地をフィールドとするグループへの対抗心があるわけです。相模野台地側から見ての率直な感想をお聞きしたいところです。神奈川県山北町教育委員会の砂田佳弘さん、お願いします。

砂田：さっき比田井さんが、来たからには何か言って下さいと、本当に言うことになるとは思いませんでした。神奈川グループっておっしゃいましたけれども最近は凋落気味でして、神奈川では本当にいま関東ローム層を掘ることはめったになくなりました。

昨年来ずっと、野口さん、比田井さんのお名前が出るとすぐ遺跡の形成とか地形面の話っていうのが頭におよんでくるんですけど、今日がおそらく3回目位だと思うのですが、そうすると今日はその辺の総括的なことと言いますか、もっと深くつっこんだ議論かなと思ったんです。けれども伊藤さんが前半にダメ出しっていうことも言いましたけれども、ただ後半になって非常に皆さんの発表、意義深くて、私もついつい勉強させていただきました。

一つは、比田井さんの前半の話でですね、坂上寛一さんの話を出しまして肉眼では観察できない暗色帯とかですねこれもよくわからないですね。それから、あとは高井戸東の時にですね、イモ石のお話をされたんですけれども、あれから30年経ているわけですけれども、その辺のオーバーフローも含めた本当はどうなのかなということも聞きたいなという気がします。

実際、きょうも地形の方、地質の方も若干いらっしゃるようですので、出来ればその辺、コメントいただけたらなと思います。

それとあと、遺跡の在り方、あるいは文化層の話、これはやはり五十嵐さんに是非コメントいただきたいなと私は思います。よろしくお願い致します。

討 論

伊藤：多岐に渡る御意見ありがとうございました。我々も実際にまだ勉強中で、これという答えが用意できないのが率直なところです。
　続きまして、小田原市教育委員会の諏訪間順さん。ローム層序と編年に関しては第一人者でいらっしゃいます。コメントいただければと思います。
諏訪間：今、砂田さんのお話にありましたが、比田井さんや伊藤さん、野口さんなどが中心となってここ数年、5年くらいでしょうか、多摩川流域や武蔵野台地の様々なテーマで研究が行なわれています。特に地形・地質という遺跡立地の基本的なテーマを中心に遺跡分布、遺跡形成などの総合化が行なわれ、データが蓄積されてきました。やはり、考古学的な発掘をしたデータだけでなく、第四紀的な総合研究が行なわれてきたことは重要なことだと思います。
　今回、武蔵野台地を中心にシンポジウムが構成されていましたが、これはこれで非常に重要だと思いますが、今回は北関東までは仲間に入れてもらえましたが、次回やる時は是非、相模野台地も入れてください。また、石器文化として大きく捉えられる関東・中部と一つのまとまった領域を対象にしてやっていただけたらと思いました。これは、問題点が分散して難しいのは分かりますが、模索していただけたらと思います。これは、旧石器学会とか第四紀学会とかとリンクさせながらでもやるべき重要なテーマだと思います。
　今回はあえてやらなかったのでしょうが、石材原産地や石材採集地と遺跡との関係をやる機会があればいいですね。今回、これだけ具体的に遺跡分布が明らかになり、時期ごとの変化もつかめてきたので、石材と絡め合わせることができれば本当に面白いものになると思います。
　北関東の関口さんのお話にもありましたが、1996年に石器文化研究会のV〜IV下層段階のシンポジウムの時には、北関東ではAT降灰以前は非常に多くの遺跡がありますが、V〜IV下層段階になると遺跡が極端に少なくなります。環境変動といいますか、やはり寒冷化にむかって中部高地の黒曜石原産地から黒曜石の供給が断絶するとか、その時もいろいろな意見がありましたが、そういった中に今回の北関東の発表にあった山体崩落ですとかの災害なども組み込みながら総合的に議論できたらと思いました。

IV 成果と展望

それと最後に、本日の発表の中で武蔵野台地の学史的な話がありましたが、振り返ってみますと、取り上げられた報告書はその時点での研究のレベルというか、文字面を追うと今だと批判できるとこは結構あるのですが、その時の学史的な状況というものをもう少し掘り下げてもらってから、評価をしていただきたいなと思いました。やはり20年、25年前の報告書を見て、今日、批判するのは比較的簡単なのかもしれませんが、今日取りあけられた報告書なり研究は当時の最高峰のレベルだったものです。それがいろんな研究の視点が加わることによって、批判や再評価されなければならないでしょうし、こうしたことを繰り返しながら少しでも研究が進んでいけばいいと思いました。

伊藤：どうもありがとうございました。色々な課題をあげていただきました。正しく20年前、25年前に形成されたことに対して、今見直しが叫ばれているということと思います。そうした意味で、今回20代の発表者は先鋭的な研究を発表しました。次は同じ世代から、最近精力的に先鋭的な論文を書かれている明治大学の及川穣さん、コメントをいただければと思います。

及川：明治大学の及川です。一つだけお聞きしたいことがあります。特に飯田さんと山岡さんの、ちょっと細かい話になりますが、分析の話をちょっとお聞きしたいのですが、二人ともその編年研究に関する問題というのを取り組んでいると思うのですが、山岡さんのほうも、飯田さんのほうも石器集中部、あるいはブロックを一つの単位にグラフ等を作っておられますが、その分析の意味というか、もう少し詳しく教えていただければありがたいなと思います。

飯田：説明がずいぶん足りなかったので、補足させていただきますと、ブロックを基に編年を組むというよりは、石器製作の一部分であるという認識にたって一連の石器製作そのものを対象として編年をするべきだと考えております。ですから、一つの遺跡、あるいは一つの文化層・石器群を対象として編年を組んでいくのは非常にむずかしいといいますか、困難だと思いますので、そういうことでやっていきたいと考えています。

山岡：なぜ石器集中を編年の単位にするのかということですが、個別遺跡の文化期のまとまりである文化層という単位設定の問題が近年指摘されてい

ます。文化層設定にいたる過程や根拠があまり明確に示されていないという問題です。さらに、そもそも遺跡という単位そのものも実際にはどのようにくくられているのかわかりません。そのため、それぞれの報告書でどのように文化層が設定されているのか実際はわからない部分が多いし、実際には同じ資料操作の過程によって抽出された均質な分析の単位ではないということも考えられます。これに対して、石器集中は平面分布と垂直分布を直接報告書中で確認できるので、文化層よりは均質で根拠のある分析の単位になると考えています。このため、各石器集中の出土遺物の内容や帰属層準がわかるように報告している遺跡を選定し、接合関係や「母岩」別資料の共有関係を考慮して、そうした関係のある石器集中のまとまりを対象として検討を行なってきました。

及川：先ほど中村さんがご指摘された遺跡形成過程の観点で、やはりそういうことを考えて飯田さんも山岡さんもおそらく分析の単位にしたんだと思いますけれども、非常に勉強になりました。

伊藤：ありがとうございました。最後に、今回のシンポジウムで何度かお名前が出ました。今のコメントの石器集中の認定についてもそうですが、そして以前に文化層の概念自体を問題視した論文を書かれました、東京都埋蔵文化財センターの五十嵐彰さんコメントをお願いします。

五十嵐：私の立場といいますか、藤田さんは何故そのように存在するのかというふうに問いをたてられましたけれども、私の立場というのは、何故そのように区分するのか、という問いの立て方なのです。

鈴木さんがまぁ、切れ目なくというふうにいわれましたけれども、その切れ目のないところに切れ目を入れる根拠、意味ですか、それを問い直していくというのが私のポジションなのです。

そうした時に、ものを見た時に、濃淡いろいろあると思うんですけど、基本としては連続的なものを区切る私達の行為といいますか、分節化といいますか、そういうことを見ていた時に私達が操作している単位というのは、あくまでも私達が、恣意的に切れ目を入れた何というのでしょう、ある価値体系であって文化行動にしか過ぎないのではないかということに至るわけです

IV 成果と展望

ね。
　ですから、すべてがだめなんだというわけではなくて、そういう認識を起点において今一度見直してみようということなんですね。
　それは、文化層といわれている石器群だけではなくて、下のレベルに行けば集中部の群だってそうだし、石器の器種の区分だってそうだし、あるいは、母岩識別といわれているものもそうなわけです。さらに、石器群から上に行けば時期区分と言われているものもそうだし、あるいは、いま私が一番、関心をもっているのは、私達が遺跡と呼んでいる単位ですね、その区分の仕方というのも極めて恣意的なものにしか過ぎないだろうなと思っているわけです。
　ですから、考古学という営みがそういう恣意的な分節化によって成立している語りなのだということを深く心に認識した上で、いろんな所で発言していく、語っていくということは必要なのかなということを強く思いました。
　伊藤：どうもありがとうございました。正しくこのシンポジウムの根本にかかわる大きな課題かと思います。
　比田井：最後に、ご挨拶させていただきます。
　今回、私どもが目指しましたのは、野川流域ばかりでない武蔵野台地、本来の武蔵野台地のその姿を自然科学の成果をも応用しながらもどういうふうに皆様に伝えていくかということでした。全体的に深く踏み入れたわけではありませんが、一つのモデルケースとして提案させていただいたわけです。
　その中で、若い人にも頑張っていただきまして、いろんな手法がとられました。自然科学の成果も取り入れたこれらの手法というのは、武蔵野台地に限られ適用できるというものではありません。一つのモデルケースとして日本各地の旧石器時代の遺跡のある地域の中で応用していただければ、この度の最大の成果となろうかと思います。本当に今日は皆様ありがとうございました。
　伊藤：以上をもって終わらせていただきます。

総　評
—旧石器時代研究の指標—

安蒜政雄

　岩宿遺跡の発掘に始まった旧石器時代の研究は、段階的に視点を変えてきた。武蔵野台地に、その推移の典型的な事例をみることができる。

　岩宿遺跡から数えて20年目の1969年、武蔵野台地は多摩川の支流、野川流域の一角に位置する、野川遺跡が調査された。この野川遺跡が、武蔵野編年を組み立てている、重層遺跡（超重層遺跡）の最初の発掘となった。その後、しばらくは、流域一帯に超重層遺跡を求めての研究がつづく。やがて、野川流域のまとまりを対象とする、遺跡群の研究が出発する。それを契機として、80年代に入ると、野川流域遺跡群は、武蔵野台地に残された諸河川流域遺跡群（遺跡群集合）の一つとして位置付けられてくる。そして、いま、武蔵野台地の遺跡群集合は、立地と環境それに景観など、地史を背景として叙述されようとしている。

　こうして、旧石器時代の研究は、個々の遺跡から遺跡群へ、遺跡群から遺跡群集合へと、対象を移した。それは、旧石器時代のヒトやモノの動きと出来事をとらえる視点の、点から線さらに面への変化であった。それに呼応して、石器の変遷と発展の諸段階それに地域差を明らかにする、石器の編年研究が着実に進展した。また、旧石器時代人の生活と社会の復原を目指す、遺跡の構造研究も体系を整えてきた。

　しかし、その反面、いくつかの未解決な課題が積み残されたままの状態にある。私たち明治大学校地内遺跡調査団も、下原・富士見町遺跡の調査をとおして、そうした課題と直面している。

　下原・富士見町遺跡の発掘面積は、約2万 m^2。立川ローム下底部のA5層から表土下の第III層までの間に13の旧石器時代文化層があり、総数

Ⅳ 成果と展望

　27,500点におよぶ石器の集中部（ブロック）85個所をはじめとして、礫群324基、炭化材の集中部105個所が発掘された。それらの遺物と遺構が出土する範囲は、発掘区域内には納まらないほどの広大さである。では、この下原・富士見町遺跡の調査が、現在の旧石器時代研究が抱える課題と、どのように係わってくるのか。

　最初に、13遺跡の重なりがもつ意味を考えてみたい。遺跡が位置する場所を過去に遡ると、古くは多摩川の「流路・河床の時代」の礫層となる。ついで、多摩川の「河原・岸辺の時代」のB層をへて、離水が進んだ「陸地化の時代」のA層から、火山灰が降り積もった「ロームの時代」の第Ⅶ～Ⅲ層へと、立地が移り変わる。そして、「陸地化の時代」を迎えるや、にわかに人類の足跡が印されだし、磨製石斧とナイフ形石器に始まり槍先形尖頭器と細石器にいたる、石器の推移をつぶさに追うことができる。

　このように、下原・富士見町遺跡の13文化層は、古さを測る武蔵野編年の目盛りを一段と細やかにした。また、同遺跡からは、石器の変遷で示される人類史の進展と、立地の変化に写し出された自然史の「時代」区分とが一元的に取り出された。この点で、旧石器時代に新たな編年観を提供できそうである。

　そして、何よりも、まだ離水しきってはいない「陸地化の時代」に遡る人類活動の痕跡は、日本人類文化の起源を専ら「ロームの時代」に探し求めつづけてきた、今日の研究体制に警鐘を鳴らしている。岩宿遺跡の発見時、ローム中に人類の生活痕跡などはないというのが常識であった。それが、ひとたびローム中にあると確認されるや、いつしか、ローム中にしかないとの認識に支配されてはこなかったか。常識を破った岩宿遺跡の原点に立ち戻るとき、これからの起源探索は、「陸地化の時代」以前へと方向を転じるに違いない。

　付け加えると、これまで、旧石器時代の編年は石器の新旧で編まれ、これにもとづいて人類史が叙述されてきた。その人類史を点検する機能をもった研究の分野はなかった。そうした中、例えば、下原・富士見町遺跡のように、人類史と自然史を一体化できれば、自然史が人類史の確かさを検証できる可

能性が出てくる。そうなれば、歴史の捏造や改竄に、自然史が重要な役割を担うことになるだろう。今後、人類史と自然史を統合するための、これまでにはなかった研究領域を早急に確立しなければならない。

ところで、この下原・富士見町遺跡は、最も根本的な課題の解決に迫られている。広い遺跡ならではの、超重層遺跡なればこその、そのそれぞれに顕在化する、互いに不可分な課題である。

第一は、どこからどこまでなのかという、遺跡の範囲に係わる問題である。いうまでもなく、狩猟採集民であった旧石器時代人は、移動を繰り返す生活を営んでいた。個々の遺跡は、いずれも、そうした過程で残された居住地である。つまり、掘り出されてくる遺跡のどれもが、移動元の遺跡と移動先の遺跡という、ヒトの移り住みの連なりで結びついている（遺跡の時間連鎖）。と同時に、居住地は、互いにヒトの行き来や入れ替わりで繋がってもいる（遺跡の空間連鎖）。

遺跡間で石器が接合するのは、移り住んだり行き来し入れ替わったりしたヒトが、原石や石器を携行し持ち運んでいた証拠である。そうした、旧石器時代のヒトとモノの軌跡は、どの遺跡のブロックにも留められている。下原・富士見町遺跡には、13遺跡合わせて、85個所のブロックがある。だが、各遺跡のブロックは、一体どれとどれなのか。

そもそも、一つのブロックをどのようにしたら分離できるのか。これが、第一の問題と切り離すことのできない、第二の問題である。

下原・富士見町遺跡では、発掘をとおして、確かに13遺跡の重なりが明らかにされた。いいかえると、「陸地化の時代」と「ロームの時代」の地層中に13の文化層が残されているわけである。それらの文化層を石器の垂直分布図をとおしてみると、上下する文化層の石器が接合したり、間に別の文化層を挟んで上と下の石器が接合するなどする。こうした接合からは、ヒトの移り住みや行き来と入れ替わりを説明できないばかりか、同じ文化層に所属するブロック群はいうまでもなく、ブロックを個別に取り出すことなど、到底おぼつかない。

仮に、一個所で同時に何点かの原石が打ち割られ、その作業結果の全てが

IV 成果と展望

遺跡に存在していたとする。当然、発掘された全石器は接合し、一連の原石が元の状態に戻る。だとしても、いまの私たちに、それら原石がみな一緒に打ち割られた事実を証明する術はない。つまり、一群の個体別資料が共伴するか否かを確かめるための、確固とした方法論を欠いているのである。

一遺跡あるいは一つの文化層に残された個々のブロックは、旧石器時代の研究にとって、最小かつ最も基本となる資料である。しかし、現実には、その個々のブロックを見極めることすら大変難しい。そうした意味で、超重層遺跡に重きをおいた編年研究の危うさを、いま一度、しっかりと見据えなければならない。

一方、岩宿遺跡以来の調査は、遺物の平面分布と地層断面の垂直観察という、いわば二次元発掘方式にのっとっておこなわれてきた。そして私たちは、精緻な遺物のドットマップと地層の柱状図を共有することができた。だが、それのみでは、ブロックの抽出はかなわない。ブロックの立体的な分析を可能とする、遺跡の三次元発掘法の新たな開発が急務となる。

以上のような、人類史と自然史との統合問題、地層と文化層との不整合問題とが頭をよぎる中、本シンポジウム『土と遺跡　時間と空間』の記録と出会った。第1部「立川ローム層の形成と石器文化」、第2部「遺跡の復元と空間的分析」をとおして、現在の日本旧石器時代研究に積み残されている諸課題が、様々な角度から検討されている。そこには、新しい旧石器時代研究の指標が示されており、大いに学んだ。私たち明治大学校地内遺跡調査団も、上記の課題に答える方法と理論の構築に努めたい。

あとがき

　本書は2007年1月27日多摩川流域の考古学的遺跡の成立と古環境復元シンポジウム「土と遺跡　時間と空間」の発表内容を基にしている。シンポジウムは「立川ローム層の形成と石器文化」と「遺跡復元と空間的分析」の2部構成で12本の発表を行った。本書は当日の発表と合わせ、白石浩之先生の講演をⅠの「総論」、発表後の会場からのコメントと安蒜政雄先生の総評をⅣの「成果と展望」とし4部構成で編集した。

　シンポジウムの目的は考古遺跡と自然科学、特に古環境との関わりをテーマに考古学、地形学、地質学の視点で発表を行った。シンポジウムの母体は比田井民子氏を代表に「とうきゅう環境浄化財団」から2005・2006年度に研究助成を受けて行った「多摩川流域における考古学的遺跡の成立と古環境復元研究」である。本研究会は2年間に渡り定期的に研究会を開き、その成果を『2006年度日本第四紀学会大会講演要旨集』、日本旧石器学会2004・2006年度総会のポスターセッション等で報告してきた。シンポジウムではそれらの成果を踏まえて研究会のメンバーが報告し、それと共に阿子島香先生、久保純子先生をはじめ何人かの人に発表をお願いした。

　シンポジウムの「研究の目的と概要」として比田井民子氏が、考古学と自然科学の総合的成果の見直しとして、暗色帯の問題、武蔵野ローム期における河川水位の変化を取り上げ、文化層・遺跡分布の研究課題について述べた。

　白石浩之氏の総論では、考古学と地理学の関係を研究史、遺跡と環境、遺物包含層、集落景観に関して総合的に述べている。

　「立川ローム層の形成と石器文化」では6つの報告が行われた。

　上條朝宏氏の報告は、多摩ニュータウン遺跡群から採取されたスコリアの形態を観察することによって、供給源から離れた武蔵野台地のスコリアを検討している。

　後期旧石器時代の文化層に関し3つの報告がされた。山岡拓也氏は後期旧石器時代前半期を、飯田茂雄氏は後期旧石器時代後半期を取り上げている。

あとがき

　飯田茂雄氏は報告の中で葛原遺跡B地点を検討し、石器石材や石器の形態よって違って見える石器群を、異なる文化層とするか活動空間の違いかという難しい問題を指摘している。また、藤田健一氏の報告は多聞寺前遺跡を対象に、文化層の認識過程を石器群と文化層の相互依存によるとし、その当時の研究状況が文化層区分に大きく影響しているとしている。小菅将夫氏の報告は、南関東ととは異なる北関東地域の火山灰の状況と石器群の変遷を整理した。
　「遺跡復元と空間的分析」は6つの報告が行われた。
　阿子島香先生の報告は、海外のジオアーケオロジーの研究現況と、氏が参加したフランス南部のドゥフォール岩陰の調査から、今後の課題と研究の方向性を示した。
　久保純子先生の報告では、第四紀学会で主要なテーマとなっている酸素同位体ステージ3の問題を取り上げ、国際的な対比として考古学、地形学を含めその重要性を指摘している。
　武蔵野台地の遺跡形成と立地環境として、加藤秀之氏の報告は近年著しい成果が注目されている武蔵野台地北部扇状地を対象に、扇状地地形と遺跡分布について述べられた。一方、野口淳氏・林和広氏の報告は、発掘に携わっている下原・富士見町遺跡の調査実践から、野川流域の立川面を取り上げマクロ・ジオアーケオロジーの視点から、遺跡の形成過程を動態的に捉えている。立川面はその離水過程など不安定な環境で、短期的小規模遺跡が点在するだけだと思われていたが、河川の流路変更と陸地化を実態的なデータによる復元は、想像以上に複雑な環境変化に旧石器人達が対応していたことを明らかにしている。伊藤健氏の報告は幾つかの地域を取り上げ、遺跡立地における地形・水環境との関係から、遺跡の在る無しとその必然性について述べた。
　関口博幸氏・麻生敏隆氏の報告は、北関東に於ける火山災害・地形変化と遺跡分布について検討した。
　各発表終了後、会場から多くの貴重な意見がよせられた。本シンポジウムのテーマは多岐に渡っており性急に結論を出せるものではないが、今後も他分野の人たちを含め議論を重ねて行きたいと願う。

西井幸雄

執筆者紹介（あいうえお順）

阿子島 香　（東北大学大学院文学研究科教授）
麻生 敏隆　（㈶群馬県埋蔵文化財調査事業団　専門員（総括））
安蒜 政雄　（明治大学文学部教授）
伊藤　健　　（㈶東京都スポーツ文化事業団東京都埋蔵文化財センター　主任調査研究員）
飯田 茂雄　（明治大学大学院博士前期課程）
加藤 秀之　（富士見市教育委員会）
上條 朝宏　（㈶東京都スポーツ文化事業団東京都埋蔵文化財センター　係長）
久保 純子　（早稲田大学教育学部教授）
小菅 将夫　（岩宿博物館学芸員）
白石 浩之　（愛知学院大学文学部教授）
関口 博幸　（㈶群馬県埋蔵文化財調査事業団　主任調査研究員）
西井 幸雄　（㈶埼玉県埋蔵文化財調査事業団　主査）
野口　淳　　（明治大学校地内遺跡調査団　調査研究員）
林　和広　　（東京大学大学院博士前期課程）
比田井民子　（㈶東京都スポーツ文化事業団東京都埋蔵文化財センター　担当課長）
藤田 健一　（明治大学校地内遺跡調査団　調査研究員）
山岡 拓也　（首都大学東京都市教養学部助教）

考古学リーダー 14
後期旧石器時代の成立と古環境復元

2008 年 4 月 15 日　初版発行

編　　者　比田井民子　伊藤　健　西井幸雄
発　行　者　八　木　環　一
発　行　所　株式会社　六一書房　　http://www.book61.co.jp
　　　　　　〒101-0051　東京都千代田区神田神保町 2-2-22
　　　　　　電話 03-5213-6161　FAX 03-5213-6160　振替 00160-7-35346
印刷・製本　株式会社　三陽社

ISBN 978-4-947743-58-9 C3321　　　　　　　　　　　　　Printed in Japan

考古学リーダー 11
野川流域の旧石器時代

「野川流域の旧石器時代」フォーラム記録集刊行委員会 監修
(調布市教育委員会・三鷹市教育委員会・明治大学校地内遺跡調査団)
明治大学校地内遺跡調査団　編

2007年10月10日発行／A5判／172頁／本体2800円＋税

現在の東京都調布市に位置する野川流域の人びとの暮らしは後期旧石器時代にはじまった。多くの遺跡が密集する野川流域は、日本の旧石器時代研究、ローム層研究の出発点でもある。「月見野・野川以後」と称される研究史上の一大画期となった野川遺跡を扱う本書は、旧石器研究の新たな一歩を踏み出すきっかけとなる。

── 目　次 ──

第1部　講演会記録
「旧石器時代の研究 ―野川から日本、そして世界へ―」
「月見野・野川」の画期と日本列島の旧石器時代研究　　　鈴木次郎
旧石器時代の日本列島と東アジア　　　安蒜政雄
〈コメント〉　　　小田静夫

第2部　公開シンポジウム基調報告
1. 野川流域の旧石器時代遺跡 ―最近の立川面における調査から―
　下原・富士見町遺跡における石器群と遺跡の変遷　　　藤田健一
　調布市野水遺跡第1地点の調査　　　小池　聡
2. 野川・多摩川中流域の地形・古環境
　多摩川水系発達史異説 ―武蔵野変動仮説・古東京湖仮説から―　　　上杉　陽
　多摩川の流路変遷と野川・多摩川間の地形の変遷　　　久保純子
　下原・富士見町遺跡の立川礫層　　　中井　均
3. 旧石器人の生活空間 ―遺跡分布から分かること―
　野川流域の旧石器時代遺跡の分布と変遷　　　下原裕司
　立川面の旧石器時代遺跡 ―その分布と古地形―　　　中山真治
　武蔵野台地北部の旧石器時代遺跡　　　加藤秀之

第3部　公開シンポジウム総合討論記録
「野川流域の旧石器時代 ―地形・環境の変遷と人びとの生活―」

═ 推薦します ═
野川流域は、列島で最も細緻でかつ今日も基軸となり続けている「武蔵野編年」を構築したフィールドとして、常に日本の旧石器時代研究を牽引してきた。その野川の地で、Geoarchaeologyという斬新で今日的な研究戦略を導入した明治大学校地内遺跡の調査を契機として、なぜ旧石器時代人が生活拠点として野川に参集し活動したかという根元的な問いに答えようと試みている。革新された旧石器研究の知的営為に関心をもつ多くの読者に、本書を推薦したい。
　　　　　　　　　　　　　　　　東京大学大学院教授　佐藤宏之

Archaeological L & Reader Vol. 11

六一書房